Thailändska Smaker

En Kulinarisk Resa till Paradiset

Lina Andersson

Sammanfattning

För 4 personer

1 kycklingbröst, skuren i tunna skivor

2 skivor ingefära, hackad

2 vårlökar (salladslökar), hackade

15 ml / 1 matsked majsmjöl (majsstärkelse)

15 ml / 1 msk risvin eller torr sherry

30 ml / 2 matskedar vatten

2,5 ml / ½ tesked salt

45 ml / 3 matskedar jordnötsolja

100 g / 4 oz bambuskott, skivade

100 g svamp, skivad

100 g sojagroddar

15 ml / 1 matsked sojasås

5 ml / 1 tsk socker

120 ml / 4 fl oz / ½ kopp kycklingbuljong

Lägg kycklingen i en skål. Blanda ingefära, vårlök, majsmjöl, vin eller sherry, vatten och salt, rör ner kycklingen och låt vila i 1 timme. Hetta upp hälften av oljan och stek kycklingen i pannan tills den fått lite färg, ta sedan ut den från pannan. Hetta upp den återstående oljan och fräs bambuskott, svamp och böngroddar i 4 minuter. Tillsätt sojasås, socker och fond, låt koka upp, täck och låt sjuda i 5 minuter tills grönsakerna precis är mjuka. Lägg

tillbaka kycklingen i pannan, blanda väl och värm upp försiktigt

innan servering.

För 4 personer

30 ml / 2 matskedar jordnötsolja

5 ml / 1 tsk salt

2 vitlöksklyftor, krossade

450 g tärnad kyckling

300 ml / ½ pt / 1¼ koppar kycklingbuljong

120 ml / 4 fl oz / ½ kopp tomatketchup (catsup)

15 ml / 1 matsked majsmjöl (majsstärkelse)

4 vårlökar (salladslökar), skivade

Hetta upp oljan med salt och vitlök tills vitlöken är lätt brynt. Tillsätt kycklingen och fräs tills den fått lite färg. Tillsätt det mesta av fonden, låt koka upp, täck och låt sjuda i cirka 15 minuter tills kycklingen är mör. Blanda resterande buljong med ketchup och majsmjöl och rör ner i pannan. Sjud under omrörning tills såsen tjocknar och ljusnar. Om såsen är för tunn, låt den puttra en stund tills den minskat. Tillsätt vårlöken och låt puttra i 2 minuter innan servering.

Kyckling Med Tomater

För 4 personer

225 g kyckling, tärnad

15 ml / 1 matsked majsmjöl (majsstärkelse)

15 ml / 1 matsked sojasås

15 ml / 1 msk risvin eller torr sherry

45 ml / 3 matskedar jordnötsolja

1 lök, tärnad

60 ml / 4 matskedar kycklingfond

5 ml / 1 tsk salt

5 ml / 1 tsk socker

2 tomater, skalade och skurna i tärningar

Blanda kycklingen med majsmjöl, soja och vin eller sherry och låt stå i 30 minuter. Hetta upp oljan och stek kycklingen tills den fått lätt färg. Tillsätt löken och fräs tills den mjuknat. Tillsätt fond, salt och socker, låt koka upp och rör försiktigt på svag värme tills kycklingen är genomstekt. Tillsätt tomaterna och rör om tills de är genomvärmda.

Pocherad kyckling med tomater

För 4 personer

4 portioner kyckling

4 tomater, skalade och skurna i fjärdedelar

15 ml / 1 msk risvin eller torr sherry

15 ml / 1 matsked jordnötsolja

salt

Lägg kycklingen i en kastrull och täck med kallt vatten. Koka upp, täck och låt sjuda i 20 minuter. Tillsätt tomater, vin eller sherry, olja och salt, täck över och låt sjuda i ytterligare 10 minuter tills kycklingen är genomstekt. Lägg upp kycklingen på ett varmt serveringsfat och skär i bitar. Värm såsen igen och häll över kycklingen till servering.

Kyckling och tomater med svartbönsås

För 4 personer

45 ml / 3 matskedar jordnötsolja

1 vitlöksklyfta, krossad

45 ml / 3 matskedar svart bönsås

225 g kyckling, tärnad

15 ml / 1 msk risvin eller torr sherry

5 ml / 1 tsk socker

15 ml / 1 matsked sojasås

90 ml / 6 matskedar kycklingfond

3 tomater, skalade och skurna i fjärdedelar

10 ml / 2 tsk majsmjöl (majsstärkelse)

45 ml / 3 matskedar vatten

Hetta upp oljan och fräs vitlöken i 30 sekunder. Tillsätt den svarta bönsåsen och fräs i 30 sekunder, tillsätt sedan kycklingen och rör om tills den är väl täckt av olja. Tillsätt vin eller sherry, socker, soja och fond, låt koka upp, täck och låt sjuda i ca 5 minuter tills kycklingen är genomstekt. Blanda majsmjöl och vatten till en pasta, rör ner i pannan och låt sjuda under omrörning tills såsen ljusnar och tjocknar.

Kokt Kyckling Med Grönsaker

För 4 personer

1 äggvita

50 g majsmjöl (majsstärkelse)

225 g kycklingbröst, skurna i strimlor

75 ml / 5 matskedar jordnötsolja

200 g / 7 oz bambuskott, skurna i strimlor

50 g sojagroddar

1 grön paprika, skuren i strimlor

3 vårlökar (salladslökar), skivade

1 skiva ingefära, hackad

1 vitlöksklyfta, finhackad

15 ml / 1 msk risvin eller torr sherry

Vispa äggvitan och majsmjölet och doppa sedan kycklingstrimlorna i blandningen. Hetta upp oljan till lagom het och stek kycklingen i några minuter tills den precis är genomstekt. Ta bort från pannan och låt rinna av väl. Tillsätt bambuskott, böngroddar, paprika, lök, ingefära och vitlök i pannan och fräs i 3 minuter. Tillsätt vinet eller sherryn och lägg tillbaka kycklingen i pannan. Blanda väl och värm upp innan servering.

Kyckling med valnötter

För 4 personer

45 ml / 3 matskedar jordnötsolja

2 vårlökar (salladslökar), hackade

1 skiva ingefära, hackad

450 g kycklingbröst, tunt skivad

50 g skinka, hackad

30 ml / 2 matskedar sojasås

30 ml / 2 matskedar risvin eller torr sherry

5 ml / 1 tsk socker

5 ml / 1 tsk salt

100 g / 4 oz / 1 kopp valnötter, hackade

Hetta upp oljan och fräs lök och ingefära i 1 minut. Tillsätt kycklingen och skinkan och fräs i 5 minuter tills de nästan är genomstekta. Tillsätt sojasås, vin eller sherry, socker och salt och fräs i 3 minuter. Tillsätt nötterna och fräs i 1 minut tills ingredienserna är väl blandade.

Kyckling med nötter

För 4 personer

100 g / 4 oz / 1 kopp skalade valnötter, halverade

stek olja

45 ml / 3 matskedar jordnötsolja

2 skivor ingefära, hackad

225 g kyckling, tärnad

100 g / 4 oz bambuskott, skivade

75 ml / 5 matskedar kycklingfond

Förbered nötterna, värm oljan och stek nötterna tills de är gyllenbruna, låt dem sedan rinna av väl. Hetta upp jordnötsolja och fräs ingefära i 30 sekunder. Tillsätt kycklingen och fräs tills den fått lite färg. Tillsätt de återstående ingredienserna, låt koka upp och låt sjuda under omrörning tills kycklingen är genomstekt.

Kyckling med vattenkastanjer

För 4 personer

45 ml / 3 matskedar jordnötsolja

2 vitlöksklyftor, krossade

2 vårlökar (salladslökar), hackade

1 skiva ingefära, hackad

225 g kycklingbröst, skuren i flingor

100 g vattenkastanjer, skurna i flingor

45 ml / 3 matskedar sojasås

15 ml / 1 msk risvin eller torr sherry

5 ml / 1 tsk majsmjöl (majsstärkelse)

Hetta upp oljan och fräs vitlök, vårlök och ingefära tills de fått lite färg. Tillsätt kycklingen och fräs i 5 minuter. Tillsätt vattenkastanjerna och fräs i 3 minuter. Tillsätt sojasås, vin eller sherry och majsmjöl och fräs i ca 5 minuter tills kycklingen är genomstekt.

Smaklig kyckling med vattenkastanjer

För 4 personer

30 ml / 2 matskedar jordnötsolja

4 bitar kyckling

3 ramslökar (salladslökar), hackade

2 vitlöksklyftor, krossade

1 skiva ingefära, hackad

250 ml / 8 fl oz / 1 kopp sojasås

30 ml / 2 matskedar risvin eller torr sherry

30 ml / 2 matskedar farinsocker

5 ml / 1 tsk salt

375 ml / 13 fl oz / 1¼ koppar vatten

225 g vattenkastanjer, skivade

15 ml / 1 matsked majsmjöl (majsstärkelse)

Hetta upp oljan och stek kycklingbitarna gyllenbruna. Tillsätt vårlöken, vitlöken och ingefäran och fräs i 2 minuter. Tillsätt sojasås, vin eller sherry, socker och salt och blanda väl. Tillsätt vatten och låt koka upp, täck och låt sjuda i 20 minuter. Tillsätt vattenkastanjerna, täck över och koka i ytterligare 20 minuter. Blanda majsmjölet med lite vatten, rör ner det i såsen och låt sjuda under omrörning tills såsen ljusnar och tjocknar.

Kycklingdumplings

För 4 personer

4 torkade kinesiska svampar

450 g kycklingbröst, strimlat

225 g blandade grönsaker, hackade

1 vårlök (salladslök), hackad

15 ml / 1 matsked sojasås

2,5 ml / ½ tesked salt

40 wonton skinn

1 ägg, uppvispat

Blötlägg svampen i varmt vatten i 30 minuter, låt sedan rinna av. Ta bort stjälkarna och hacka locken. Blanda med kyckling, grönsaker, soja och salt.

För att vika wontons, håll skalet i din vänstra hand och häll lite fyllning i mitten. Fukta kanterna med ägget och vik skalet till en triangel, försegla kanterna. Fukta hörnen med ägget och vänd ihop dem.

Koka upp en kastrull full med vatten. Tillsätt wontons och låt sjuda i cirka 10 minuter tills de når ytan.

För 4 personer

900 g / 2 lb kycklingvingar

60 ml / 4 matskedar risvin eller torr sherry

60 ml / 4 matskedar sojasås

50 g / 2 oz / ½ kopp majsmjöl (majsstärkelse)

jordnötsolja (jordnötter) för stekning

Lägg kycklingvingarna i en skål. Blanda övriga ingredienser och häll dem över kycklingvingarna, blanda väl så att de täcks av såsen. Täck över och låt vila i 30 minuter. Hetta upp oljan och stek kycklingen i omgångar tills den är genomstekt och mörkbrun. Låt rinna av väl på hushållspapper och håll varmt medan du steker resterande kyckling.

Fem kryddade kycklingvingar

För 4 personer

30 ml / 2 matskedar jordnötsolja

2 vitlöksklyftor, krossade

450 g / 1 lb kycklingvingar

250 ml / 8 fl oz / 1 kopp kycklingbuljong

30 ml / 2 matskedar sojasås

5 ml / 1 tsk socker

5 ml / 1 tsk pulver med fem kryddor

Hetta upp olja och vitlök tills vitlöken är lätt brynt. Tillsätt kycklingen och stek tills den fått lite färg. Tillsätt övriga ingredienser, blanda väl och låt koka upp. Täck över och låt sjuda i cirka 15 minuter tills kycklingen är genomstekt. Ta av locket och fortsätt att sjuda, rör om då och då, tills nästan all vätska har avdunstat. Servera varm eller kall.

Marinerade kycklingvingar

För 4 personer

45 ml / 3 matskedar sojasås

45 ml / 3 matskedar risvin eller torr sherry

30 ml / 2 matskedar farinsocker

5 ml / 1 tsk riven ingefärarot

2 vitlöksklyftor, krossade

6 vårlökar (salladslökar), skivade

450 g / 1 lb kycklingvingar

30 ml / 2 matskedar jordnötsolja

225 g / 8 oz bambuskott, skivade

20 ml / 4 teskedar majsmjöl (majsstärkelse)

175 ml / 6 fl oz / ¾ kopp kycklingbuljong

Rör ner soja, vin eller sherry, socker, ingefära, vitlök och vårlök. Tillsätt kycklingvingarna och rör om så att de blir helt täckta. Täck över och låt vila i 1 timme, rör om då och då. Hetta upp oljan och fräs bambuskotten i 2 minuter. Ta bort dem från pannan. Låt kycklingen och löken rinna av, spara marinaden. Hetta upp oljan och stek kycklingen i pannan tills den är gyllene på alla sidor. Täck över och koka i ytterligare 20 minuter tills kycklingen är mör. Blanda majsstärkelsen med buljongen och den reserverade marinaden. Häll över kycklingen och låt koka upp under omrörning tills såsen tjocknar. Rör ner bambuskotten och låt sjuda under omrörning i ytterligare 2 minuter.

För 4 personer

12 kycklingvingar

250 ml / 8 fl oz / 1 kopp jordnötsolja

15 ml / 1 matsked strösocker

2 vårlökar (salladslökar), skurna i bitar

5 skivor ingefärarot

5 ml / 1 tsk salt

45 ml / 3 matskedar sojasås

250 ml / 8 fl oz / 1 kopp risvin eller torr sherry

250 ml / 8 fl oz / 1 kopp kycklingbuljong

10 skivor bambuskott

15 ml / 1 matsked majsmjöl (majsstärkelse)

15 ml / 1 matsked vatten

2,5 ml / ½ tesked sesamolja

Blanchera kycklingvingarna i kokande vatten i 5 minuter och låt dem rinna av väl. Hetta upp oljan, tillsätt sockret och rör tills det smält och gyllene. Tillsätt kyckling, vårlök, ingefära, salt, soja, vin och fond, låt koka upp och låt sjuda i 20 minuter. Tillsätt bambuskotten och låt puttra i 2 minuter eller tills vätskan för det mesta har avdunstat. Blanda majsmjölet med vattnet, rör ner det i pannan och rör tills det blir tjockt. Överför kycklingvingarna till en varm serveringsfat och servera beströdd med sesamolja.

Kryddade kycklingvingar

För 4 personer

30 ml / 2 matskedar jordnötsolja

5 ml / 1 tsk salt

2 vitlöksklyftor, krossade

900 g / 2 lb kycklingvingar

30 ml / 2 matskedar risvin eller torr sherry

30 ml / 2 matskedar sojasås

30 ml / 2 matskedar tomatpuré (pasta)

15 ml / 1 matsked Worcestershiresås

Hetta upp olja, salt och vitlök och fräs tills vitlöken blir lätt gyllene. Tillsätt kycklingvingarna och stek under omrörning ofta i cirka 10 minuter tills de är gyllenbruna och nästan genomstekta. Tillsätt resterande ingredienser och fräs i ca 5 minuter tills kycklingen är knaprig och genomstekt.

För 4 personer

16 kycklinglår

30 ml / 2 matskedar risvin eller torr sherry

30 ml / 2 matskedar vinäger

30 ml / 2 matskedar olivolja

salt och nymalen peppar

120 ml / 4 fl oz / ½ kopp apelsinjuice

30 ml / 2 matskedar sojasås

30 ml / 2 matskedar honung

15 ml / 1 matsked citronsaft

2 skivor ingefära, hackad

120 ml / 4 fl oz / ½ kopp chilisås

Blanda alla ingredienser utom chilisåsen, täck över och låt marinera i kylen över natten. Ta bort kycklingen från marinaden och grilla eller stek (broil) i cirka 25 minuter, vänd och blanda med chilisåsen medan den tillagas.

Hoisin Kycklinglår

För 4 personer

8 kycklinglår

600 ml / 1 pt / 2½ dl kycklingbuljong

salt och nymalen peppar

250 ml / 8 fl oz / 1 kopp hoisinsås

30 ml / 2 matskedar vanligt mjöl (all-purpose)

2 vispade ägg

100 g / 4 oz / 1 kopp ströbröd

stek olja

Lägg ätpinnarna och fonden i en kastrull, låt koka upp, täck över och låt sjuda i 20 minuter tills de är genomstekta. Ta ut kycklingen från pannan och torka den på hushållspapper. Lägg kycklingen i en skål och smaka av med salt och peppar. Häll över hoisinsåsen och låt marinera i 1 timme. Dränera. Lägg kycklingen i mjölet, lägg sedan i äggen och ströbrödet, sedan igen i ägget och ströbrödet. Hetta upp oljan och stek kycklingen i ca 5 minuter tills den är gyllenbrun. Låt rinna av på absorberande papper och servera varm eller kall.

För 4-6 personer

75 ml / 5 matskedar jordnötsolja

1 kyckling

3 vårlökar (salladslökar), skivade

3 skivor ingefärarot

120 ml / 4 fl oz / ½ kopp sojasås

30 ml / 2 matskedar risvin eller torr sherry

5 ml / 1 tsk socker

Hetta upp oljan och stek kycklingen tills den är gyllenbrun.
Tillsätt vårlök, ingefära, soja och vin eller sherry och låt koka
upp. Täck över och låt sjuda i 30 minuter, rör om då och då.
Tillsätt sockret, täck och låt sjuda i ytterligare 30 minuter tills
kycklingen är genomstekt.

Krispig stekt kyckling

För 4 personer

1 kyckling

salt

30 ml / 2 matskedar risvin eller torr sherry

3 vårlökar (salladslökar), tärnade

1 skiva ingefärsrot

30 ml / 2 matskedar sojasås

30 ml / 2 matskedar socker

5 ml / 1 tsk hela kryddnejlika

5 ml / 1 tsk salt

5 ml / 1 tsk pepparkorn

150 ml / ¼ pt / generös ½ kopp kycklingbuljong

stek olja

1 sallad, strimlad

4 tomater, skivade

½ gurka, skivad

Gnid in kycklingen med salt och låt stå i 3 timmar. Skölj och lägg i en skål. Tillsätt vin eller sherry, ingefära, soja, socker, kryddnejlika, salt, pepparkorn och fond och tråckla väl. Placera skålen i en ångkokare, täck över och ånga i ca 2¼ timmar tills kycklingen är helt genomstekt. Dränera. Värm oljan tills den

ryker, tillsätt sedan kycklingen och stek tills den är gyllenbrun.
Stek i ytterligare 5 minuter, ta sedan bort från oljan och låt rinna
av. Skär dem i bitar och lägg dem på en uppvärmd tallrik.
Garnera med sallad, tomater och gurka och servera med en
peppar- och saltsås.

För 5 personer

1 kyckling

10 ml / 2 tsk salt

15 ml / 1 msk risvin eller torr sherry

2 vårlökar (salladslökar), halverade

3 skivor ingefära, skuren i strimlor

stek olja

Klappa kycklingen torr och gnugga skinnet med salt och vin eller sherry. Lägg vårlöken och ingefäran i hålet. Häng kycklingen att torka på en sval plats i ca 3 timmar. Hetta upp oljan och lägg kycklingen i en stekkorg. Sänk försiktigt ner i oljan och tråckla kontinuerligt inifrån och ut tills kycklingen fått lätt färg. Ta ur oljan och låt svalna något medan du värmer upp oljan. Stek igen tills de är gyllenbruna. Låt dem rinna av väl och skär dem i bitar.

Fem kryddor kyckling

För 4-6 personer

1 kyckling

120 ml / 4 fl oz / ½ kopp sojasås

2,5 cm / 1 st ingefärsrot, hackad

1 vitlöksklyfta, krossad

15 ml / 1 matsked pulver med fem kryddor

30 ml / 2 matskedar risvin eller torr sherry

30 ml / 2 matskedar honung

2,5 ml / ½ tesked sesamolja

stek olja

30 ml / 2 matskedar salt

5 ml / 1 tsk nymalen peppar

Lägg kycklingen i en stor kastrull och fyll halvvägs upp på låret med vatten. Spara 15 ml/1 msk av sojasåsen och tillsätt resten i pannan med ingefära, vitlök och hälften av femkryddspulvret. Koka upp, täck och låt sjuda i 5 minuter. Stäng av värmen och låt kycklingen stå i vattnet tills vattnet är ljummet. Dränera.

Halvera kycklingen på längden och lägg med snittsidan nedåt på en plåt. Blanda den återstående sojasåsen och femkryddspulvret med vin eller sherry, honung och sesamolja. Gnid in blandningen i kycklingen och låt vila i 2 timmar, pensla då och då med blandningen. Hetta upp oljan och stek kycklinghalvorna i cirka 15 minuter tills de är gyllenbruna och genomstekta. Låt dem rinna av på absorberande papper och skär dem i portionsstora bitar.

Blanda under tiden salt och peppar och värm i en torr panna i ca 2 minuter. Servera som dipp till kycklingen.

Friterade mjuka räkor

Serverar 4

75 g/3 oz/höga ¬° kopp majsmjöl (majsstärkelse)

1 äggvita

5 ml/1 tsk risvin eller torr sherry

salt

350 g skalade räkor

stek olja

Vispa samman majsmjöl, äggvita, vin eller sherry och en nypa salt till en tjock smet. Doppa räkorna i smeten tills de är väl täckta. Hetta upp oljan tills den är varm och stek räkorna i några minuter tills de är gyllenbruna. Ta bort från oljan, värm tills de är heta och stek sedan räkorna igen tills de är knapriga och gyllene.

Räkor tempura

Serverar 4

450 g skalade räkor

30 ml/2 matskedar mjöl (all-purpose).

30 ml/2 matskedar majsmjöl (majsstärkelse)

30 ml/2 matskedar vatten

2 ägg, vispade

stek olja

Skär räkorna på mitten på insidan av kurvan och öppna dem för att bilda en fjäril. Blanda mjöl, maizena och vatten tills du får en smet, blanda sedan i äggen. Hetta upp oljan och stek räkorna tills de är gyllenbruna.

Under gummi

Serverar 4

37

30 ml/2 matskedar jordnötsolja (jordnötter).

2 vårlökar (salladslökar), hackade

1 vitlöksklyfta, krossad

1 skiva ingefära, hackad

100 g kycklingbröst, skuren i strimlor

100 g skinka, skuren i strimlor

100 g bambuskott, skurna i strimlor

100 g vattenkastanjer, skurna i strimlor

225 g skalade räkor

30 ml/2 matskedar sojasås

30 ml/2 matskedar risvin eller torr sherry

5 ml/1 tsk salt

5ml/1 tsk socker

5 ml/1 tsk majsmjöl (majsstärkelse)

Hetta upp oljan och fräs vårlöken, vitlöken och ingefäran gyllenbrun. Tillsätt kycklingen och fräs i 1 minut. Tillsätt skinka, bambuskott och vattenkastanjer och fräs i 3 minuter. Tillsätt räkorna och fräs i 1 minut. Tillsätt sojasås, vin eller sherry, salt och socker och fräs i 2 minuter. Blanda majsstärkelsen med lite vatten, häll den i pannan och låt sjuda under omrörning i 2 minuter.

Räkor med tofu

Serverar 4

45 ml/3 matskedar jordnötsolja (jordnötter).

225 g tofu, tärnad

1 vårlök (salladslök), hackad

1 vitlöksklyfta, krossad

15 ml/1 matsked sojasås

5ml/1 tsk socker

90 ml/6 matskedar fiskfond

225 g skalade räkor

15 ml/1 matsked majsmjöl (majsstärkelse)

45 ml/3 matskedar vatten

Hetta upp hälften av oljan och stek tofun tills den fått lite färg, ta sedan ut den från pannan. Hetta upp den återstående oljan och fräs vårlöken och vitlöken tills den är gyllenbrun. Tillsätt soja, socker och buljong och låt koka upp. Tillsätt räkorna och rör om på låg värme i 3 minuter. Blanda majsmjöl och vatten till en pasta, rör ner i pannan och låt sjuda under omrörning tills såsen tjocknar. Lägg tillbaka tofun i kastrullen och låt sjuda försiktigt tills den är varm.

Räkor Med Tomater

Serverar 4

2 äggvitor

30 ml/2 matskedar majsmjöl (majsstärkelse)

5 ml/1 tsk salt

450 g skalade räkor

stek olja

30 ml/2 matskedar risvin eller torr sherry

225 g tomater, skalade, urkärnade och hackade

Blanda äggvitan, maizena och salt. Tillsätt räkorna tills de är väl täckta. Hetta upp oljan och stek räkorna tills de är kokta. Häll i allt utom 15 ml/1 msk olja och värm upp. Tillsätt vin eller sherry och tomater och låt koka upp. Lägg i räkorna och värm dem snabbt innan servering.

Räkor Med Tomatsås

Serverar 4

30 ml/2 matskedar jordnötsolja (jordnötter).

1 vitlöksklyfta, krossad

2 skivor ingefära, hackad

2,5 ml/¬Ω tesked salt

15 ml/1 msk risvin eller torr sherry

15 ml/1 matsked sojasås

6 ml/4 matskedar ketchup (catsup)

120 ml/4 fl oz/¬Ω kopp fiskfond

350 g skalade räkor

10 ml/2 tsk majsmjöl (majsstärkelse)

30 ml/2 matskedar vatten

Hetta upp oljan och fräs vitlök, ingefära och salt i 2 minuter. Tillsätt vin eller sherry, sojasås, ketchup och fond och låt koka upp. Tillsätt räkorna, täck över och koka i 2 minuter. Blanda majsmjöl och vatten tills det bildar en deg, häll det i pannan och låt sjuda under omrörning tills såsen ljusnar och tjocknar.

Räkor med tomat och chilisås

Serverar 4

60 ml/4 matskedar jordnötsolja (jordnötter).

15 ml/1 matsked hackad ingefära

15 ml/1 matsked finhackad vitlök

15 ml/1 matsked hackad vårlök

60 ml/4 matskedar tomatpuré√©e (pasta)

15 ml/1 msk chilisås

450 g skalade räkor

15 ml/1 matsked majsmjöl (majsstärkelse)

15 ml/1 matsked vatten

Hetta upp oljan och fräs ingefära, vitlök och vårlök i 1 minut. Tillsätt tomatpuré och chilisås och blanda väl. Tillsätt räkorna och fräs i 2 minuter. Blanda majsmjöl och vatten till en pasta, rör ner i pannan och låt sjuda tills såsen tjocknar. Servera omedelbart.

Stekta Räkor Med Tomatsås

Serverar 4

50 g/2 oz/¬Ω kopp vanligt (all-purpose) mjöl.

2,5 ml/¬Ω tesked salt

1 ägg, lätt uppvispat

30 ml/2 matskedar vatten

450 g skalade räkor

stek olja

30 ml/2 matskedar jordnötsolja (jordnötter).

1 lök, finhackad

2 skivor ingefära, hackad

75 ml/5 matskedar ketchup (catsup)

10 ml/2 tsk majsmjöl (majsstärkelse)

30 ml/2 matskedar vatten

Vispa ihop mjöl, salt, ägg och vatten tills det bildas en smet, tillsätt eventuellt lite vatten. Blanda med räkor tills de är väl täckta. Hetta upp oljan och stek räkorna i några minuter tills de är krispiga och gyllene. Låt rinna av på hushållspapper.

Värm under tiden oljan och fräs löken och ingefäran tills de har mjuknat. Tillsätt ketchupen och låt sjuda i 3 minuter. Blanda majsmjöl och vatten till en pasta, rör ner i pannan och låt sjuda under omrörning tills såsen tjocknar. Tillsätt räkorna i pannan och låt sjuda tills de är genomvärmda. Servera omedelbart.

Serverar 4

15 ml/1 matsked jordnötsolja (jordnötter).

225 g/8 oz broccolibuketter

225 g champinjoner

225 g bambuskott, skivade

450 g skalade räkor

120 ml/4 fl oz/¬Ω kopp kycklingbuljong

5 ml/1 tsk majsmjöl (majsstärkelse)

5 ml/1 tsk ostronsås

2,5 ml/¬Ω tesked socker

2,5 ml/¬Ω tesked riven ingefärarot

en nypa nymalen peppar

Hetta upp oljan och stek broccolin i 1 minut. Tillsätt svampen
och bambuskotten och fräs i 2 minuter. Tillsätt räkorna och fräs i
2 minuter. Blanda de övriga ingredienserna och lägg i
räkblandningen. Koka upp under omrörning och låt sjuda i 1
minut under konstant omrörning.

Serverar 4

60 ml/4 matskedar jordnötsolja (jordnötter).

1 vitlöksklyfta, finhackad

1 skiva ingefära, hackad

450 g skalade räkor

30 ml/2 msk risvin eller torr sherry 225 g/8 oz vattenkastanjer, skivade

30 ml/2 matskedar sojasås

15 ml/1 matsked majsmjöl (majsstärkelse)

45 ml/3 matskedar vatten

Hetta upp oljan och fräs vitlök och ingefära tills de är gyllenbruna. Tillsätt räkorna och fräs i 1 minut. Tillsätt vinet eller sherryn och blanda väl. Tillsätt vattenkastanjerna och fräs i 5 minuter. Tillsätt övriga ingredienser och fräs i 2 minuter.

Räkwontons

Serverar 4

Blanda räkorna, grönsakerna, sojasåsen, saltet och sesamoljan.

För att vika wontons, håll skalet i din vänstra hand och häll lite fyllning i mitten. Fukta kanterna med ägget och vik skalet till en triangel, försegla kanterna. Fukta hörnen med ägg och vrid ihop dem.

Hetta upp oljan och stek wontons några åt gången tills de är gyllenbruna. Låt rinna av väl före servering.

Abalone med kyckling

Serverar 4

400g konserverad abalone

30 ml/2 matskedar jordnötsolja (jordnötter).

100 g kycklingbröst, i tärningar

100 g bambuskott, skivade

250 ml/8 fl oz/1 kopp fiskbuljong

15 ml/1 msk risvin eller torr sherry

5ml/1 tsk socker

2,5 ml/¬Ω tesked salt

15 ml/1 matsked majsmjöl (majsstärkelse)

45 ml/3 matskedar vatten

Låt rinna av och skiva abalonen, spara saften. Hetta upp oljan och stek kycklingen tills den fått lätt färg. Tillsätt abalonen och bambuskotten och fräs i 1 minut. Tillsätt abalonevätskan, fond, vin eller sherry, socker och salt, låt koka upp och låt sjuda i 2 minuter. Blanda majsmjöl och vatten till en pasta och låt sjuda under omrörning tills såsen ljusnar och tjocknar. Servera omedelbart.

Abalone med sparris

Serverar 4

10 torkade kinesiska svampar

30 ml/2 matskedar jordnötsolja (jordnötter).

15 ml/1 matsked vatten

225 g sparris

2,5 ml/¬Ω tesked fisksås

15 ml/1 matsked majsmjöl (majsstärkelse)

225g/8oz konserverad abalone, skivad

60 ml/4 matskedar buljong

¬Ω liten morot, skivad

5 ml/1 tsk sojasås

5 ml/1 tsk ostronsås

5 ml/1 tsk risvin eller torr sherry

Blötlägg svampen i varmt vatten i 30 minuter, låt sedan rinna av. Kassera stjälkarna. Hetta upp 15 ml/1 matsked olja med vatten och stek svampkapsylerna i 10 minuter. Koka under tiden sparrisen i kokande vatten med fisksåsen och 5 ml/1 tsk majsmjöl tills den är mjuk. Låt rinna av väl och lägg upp på en varm serveringsfat med svampen. Håll dem varma. Hetta upp den återstående oljan och stek abalonen i några sekunder, tillsätt sedan buljongen, moroten, sojasåsen, ostronsåsen, vinet eller sherryn och den återstående majsstärkelsen. Koka i ca 5 minuter tills den är genomstekt, häll sedan över sparrisen och servera.

Abalone med svamp

Serverar 4

6 torkade kinesiska svampar

400g konserverad abalone

45 ml/3 matskedar jordnötsolja (jordnötter).

2,5 ml/¬Ω tesked salt

15 ml/1 msk risvin eller torr sherry

3 ramslökar (salladslökar), skurna i tjocka skivor

Blötlägg svampen i varmt vatten i 30 minuter, låt sedan rinna av. Ta bort stjälkarna och skiva locken. Låt rinna av och skiva abalonen, spara saften. Hetta upp oljan och fräs salt och svamp i 2 minuter. Tillsätt abalonevätskan och sherryn, låt koka upp, täck och låt sjuda i 3 minuter. Tillsätt abalonen och vårlöken och låt sjuda tills de är genomvärmda. Servera omedelbart.

Abalone med ostronsås

Serverar 4

400g konserverad abalone

15 ml/1 matsked majsmjöl (majsstärkelse)

15 ml/1 matsked sojasås

45 ml/3 matskedar ostronsås

30 ml/2 matskedar jordnötsolja (jordnötter).

50 g rökt skinka, hackad

Töm burken med abalone och reservera 90 ml/6 matskedar vätska. Blanda detta med majsstärkelse, soja och ostronsås. Hetta upp oljan och stek den avrunna abalonen i 1 minut. Tillsätt såsblandningen och låt sjuda under omrörning i cirka 1 minut tills den är varm. Lägg över till ett varmt serveringsfat och servera garnerat med skinka.

Ångade musslor

Serverar 4

24 musslor

Rengör musslorna väl och blötlägg dem i saltat vatten i några timmar. Skölj under rinnande vatten och lägg dem på en djup ugnssäker form. Lägg på ett galler i ångkokaren, täck över och ånga i lätt sjudande vatten i cirka 10 minuter tills alla musslor har öppnat sig. Släng allt som förblir stängt. Servera med såser.

Musslor med böngroddar

Serverar 4

24 musslor

15 ml/1 matsked jordnötsolja (jordnötter).

150 g sojagroddar

1 grön paprika, skuren i strimlor

2 vårlökar (salladslökar), hackade

15 ml/1 msk risvin eller torr sherry

salt och nymalen peppar

2,5 ml/¬Ω tesked sesamolja

50 g rökt skinka, hackad

Rengör musslorna väl och blötlägg dem i saltat vatten i några timmar. Skölj under rinnande vatten. Koka upp en kastrull med vatten, tillsätt musslorna och koka i några minuter tills de öppnar sig. Töm och kassera eventuellt kvarvarande oöppnat. Ta bort musslorna från skalen.

Hetta upp oljan och fräs böngroddarna i 1 minut. Tillsätt paprikan och vårlöken och fräs i 2 minuter. Tillsätt vinet eller sherryn och smaka av med salt och peppar. Värm igenom och rör sedan i musslorna och rör tills de är väl kombinerade och genomvärmda. Lägg över till en varm serveringsfat och servera beströdd med sesamolja och skinka.

Musslor Med Ingefära Och Vitlök

Serverar 4

24 musslor

15 ml/1 matsked jordnötsolja (jordnötter).

2 skivor ingefära, hackad

2 vitlöksklyftor, krossade

15 ml/1 matsked vatten

5 ml/1 tsk sesamolja

salt och nymalen peppar

Rengör musslorna väl och blötlägg dem i saltat vatten i några timmar. Skölj under rinnande vatten. Hetta upp oljan och fräs ingefära och vitlök i 30 sekunder. Tillsätt musslor, vatten och sesamolja, täck över och koka i cirka 5 minuter tills musslorna öppnar sig. Släng allt som förblir stängt. Krydda lätt med salt och peppar och servera genast.

Panstekt musslor

Serverar 4

24 musslor

60 ml/4 matskedar jordnötsolja (jordnötter).

4 vitlöksklyftor, hackade

1 lök, hackad

2,5 ml/¬Ω tesked salt

Rengör musslorna väl och blötlägg dem i saltat vatten i några timmar. Skölj under rinnande vatten och torka sedan. Hetta upp oljan och fräs vitlök, lök och salt tills det mjuknat. Tillsätt musslorna, täck över och koka på låg värme i cirka 5 minuter tills alla skal har öppnat sig. Släng allt som förblir stängt. Stek försiktigt i ytterligare 1 minut, tråckla med olja.

Krabbkaka

Serverar 4

225 g böngroddar

60 ml/4 matskedar jordnötsolja (jordnötter) 100 g/4 oz

bambuskott, skurna i strimlor

1 lök, hackad

225 g krabbkött, i flingor

4 ägg, lätt vispade

15 ml/1 matsked majsmjöl (majsstärkelse)

30 ml/2 matskedar sojasås

salt och nymalen peppar

Blanchera böngroddarna i kokande vatten i 4 minuter och låt dem rinna av. Hetta upp hälften av oljan och fräs böngroddar, bambuskott och lök tills de är mjuka. Ta av från värmen och tillsätt övriga ingredienser, förutom oljan. Hetta upp den återstående oljan i en ren panna och stek skedar av krabbköttsblandningen för att göra små kakor. Stek tills de är gyllenbruna på båda sidor, servera sedan på en gång.

Krabbakräm

Serverar 4

225 g krabbkött

5 ägg, vispade

1 vårlök (salladslök), finhackad

250 ml/8 fl oz/1 kopp vatten

5 ml/1 tsk salt

5 ml/1 tsk sesamolja

Blanda alla ingredienser väl. Lägg i en skål, täck över och lägg ovanpå dubbelpanna över hett vatten eller på ett galler för ångkokare. Ånga i cirka 35 minuter tills det är krämigt, rör om då och då. Servera med ris.

Krabbkött med kinesiska blad

Serverar 4

450g/1lb kinesiska blad, rivna

45 ml/3 matskedar vegetabilisk olja

2 vårlökar (salladslökar), hackade

225 g krabbkött

15 ml/1 matsked sojasås

15 ml/1 msk risvin eller torr sherry

5 ml/1 tsk salt

Blanchera de kinesiska bladen i kokande vatten i 2 minuter, låt rinna av väl och skölj i kallt vatten. Hetta upp oljan och fräs vårlöken tills den är gyllene. Tillsätt krabbaköttet och fräs i 2 minuter. Tillsätt de kinesiska bladen och fräs i 4 minuter. Tillsätt sojasås, vin eller sherry och salt och blanda väl. Tillsätt fond och majsmjöl, låt koka upp och låt sjuda under omrörning i 2 minuter tills såsen har blivit ljusare och tjocknat.

Foo Yung krabba med böngroddar

Serverar 4

6 ägg, vispade

45 ml/3 matskedar majsmjöl (majsstärkelse)

225 g krabbkött

100 g sojagroddar

2 ramslökar (salladslökar), fint hackade

2,5 ml/¬Ω tesked salt

45 ml/3 matskedar jordnötsolja (jordnötter).

Vispa äggen och vispa sedan i majsstärkelsen. Blanda de övriga ingredienserna förutom oljan. Hetta upp oljan och häll blandningen i pannan lite i taget för att få små pannkakor på ca 7,5 cm i diameter. Stek tills den är gyllenbrun i botten, vänd sedan och bryn den andra sidan.

Ingefära krabba

Serverar 4

15 ml/1 matsked jordnötsolja (jordnötter).

2 skivor ingefära, hackad

4 vårlökar (salladslökar), hackade

3 vitlöksklyftor, krossade

1 röd chili, hackad

350 g krabbkött, flingat

2,5 ml/¬Ω tesked fiskpasta

2,5 ml/¬Ω tesked sesamolja

15 ml/1 msk risvin eller torr sherry

5 ml/1 tsk majsmjöl (majsstärkelse)

15 ml/1 matsked vatten

Hetta upp oljan och fräs ingefära, vårlök, vitlök och chili i 2 minuter. Tillsätt krabbaköttet och rör om tills det är väl täckt med kryddor. Tillsätt fiskpastan. Blanda de återstående ingredienserna tills de bildar en pasta, häll dem sedan i pannan och fräs i 1 minut. Servera omedelbart.

Serverar 4

100 g sojagroddar

30 ml/2 matskedar jordnötsolja (jordnötter).

5 ml/1 tsk salt

1 lök, skivad

100 g svamp, skivad

225 g krabbkött, i flingor

100 g bambuskott, skivade

Upphöjd tagliatelle

30 ml/2 matskedar sojasås

5ml/1 tsk socker

5 ml/1 tsk sesamolja

salt och nymalen peppar

Blanchera böngroddarna i kokande vatten i 5 minuter och låt dem rinna av. Hetta upp oljan och fräs salt och lök tills det mjuknat. Tillsätt svampen och fräs tills den mjuknat. Tillsätt krabbaköttet och fräs i 2 minuter. Tillsätt böngroddar och bambuskott och fräs i 1 minut. Tillsätt de avrunna nudlarna i pannan och rör om försiktigt. Blanda soja, socker och sesamolja och smaka av med salt och peppar. Rör i pannan tills den är varm.

Wokad krabba med fläsk

Serverar 4

30 ml/2 matskedar jordnötsolja (jordnötter).

100 g fläskfärs (färs).

350 g krabbkött, flingat

2 skivor ingefära, hackad

2 ägg, lätt vispade

15 ml/1 matsked sojasås

15 ml/1 msk risvin eller torr sherry

30 ml/2 matskedar vatten

salt och nymalen peppar

4 st vårlökar (salladslökar), skurna i strimlor

Hetta upp oljan och stek fläsket tills det fått lätt färg. Tillsätt krabbaköttet och ingefäran och fräs i 1 minut. Tillsätt äggen. Tillsätt sojasås, vin eller sherry, vatten, salt och peppar och låt sjuda i cirka 4 minuter under omrörning. Servera garnerad med vårlök.

Wokat krabbkött

Serverar 4

30 ml/2 matskedar jordnötsolja (jordnötter).

450 g krabbkött, flingat

2 vårlökar (salladslökar), hackade

2 skivor ingefära, hackad

30 ml/2 matskedar sojasås

30 ml/2 matskedar risvin eller torr sherry

2,5 ml/¬Ω tesked salt

15 ml/1 matsked majsmjöl (majsstärkelse)

60 ml/4 matskedar vatten

Hetta upp oljan och fräs krabbaköttet, vårlöken och ingefäran i 1 minut. Tillsätt sojasås, vin eller sherry och salt, täck över och låt sjuda i 3 minuter. Blanda majsmjöl och vatten tills en deg bildas, rör ner i pannan och låt sjuda under omrörning tills såsen blir ljusare och tjocknar.

Serverar 4

450 g bläckfisk

50 g ister, krossat

1 äggvita

2,5 ml/¬Ω tesked socker

2,5 ml/¬Ω tesked majsmjöl (majsstärkelse)

salt och nymalen peppar

stek olja

Rengör bläckfisken och krossa dem eller reducera dem till en massa. Blanda med ister, äggvita, socker och maizena och smaka av med salt och peppar. Tryck ut blandningen till bollar. Hetta upp oljan och stek bläckfiskbollarna, i omgångar om det behövs, tills de flyter i oljan och blir gyllenbruna. Låt rinna av väl och servera genast.

Serverar 4

2 hummer

30 ml/2 matskedar olja

15 ml/1 matsked svart bönsås

1 vitlöksklyfta, krossad

1 lök, hackad

225 g malet fläsk (färs).

45 ml/3 matskedar sojasås

5ml/1 tsk socker

salt och nymalen peppar

15 ml/1 matsked majsmjöl (majsstärkelse)

75 ml/5 matskedar vatten

1 ägg, uppvispat

Bryt hummerna, ta bort köttet och skär det i 2,5 cm stora tärningar. Hetta upp oljan och fräs den svarta bönsåsen, vitlöken och löken tills den är gyllenbrun. Tillsätt fläsket och stek tills det är gyllenbrunt. Tillsätt sojasås, socker, salt, peppar och hummer, täck över och låt sjuda i cirka 10 minuter. Blanda majsmjöl och vatten till en pasta, rör ner i pannan och låt sjuda under omrörning tills såsen ljusnar och tjocknar. Stäng av värmen och rör ner ägget innan servering.

Serverar 4

450 g hummerkött

30 ml/2 matskedar sojasås

5ml/1 tsk socker

1 ägg, uppvispat

30 ml/3 matskedar mjöl (all-purpose).

stek olja

Skär hummerköttet i 2,5 cm stora tärningar och smaka av med soja och socker. Låt vila i 15 minuter och låt rinna av. Vispa i ägg och mjöl, tillsätt sedan hummern och blanda väl till beläggning. Hetta upp oljan och stek hummern tills den är gyllenbrun. Låt rinna av på hushållspapper innan servering.

Ångad hummer med skinka

Serverar 4

4 ägg, lätt vispade

60 ml/4 matskedar vatten

5 ml/1 tsk salt

15 ml/1 matsked sojasås

450 g hummerkött, i flingor

15 ml/1 matsked hackad rökt skinka

15 ml/1 matsked hackad färsk persilja

Vispa äggen med vatten, salt och soja. Häll upp i en non-stick skål och strö över hummerkött. Ställ skålen på ett galler i en ångkokare, täck över och ånga i 20 minuter tills äggen stelnat. Servera garnerad med skinka och persilja.

Hummer med svamp

Serverar 4

450 g hummerkött

15 ml/1 matsked majsmjöl (majsstärkelse)

60 ml/4 matskedar vatten

30 ml/2 matskedar jordnötsolja (jordnötter).

4 ramslökar (salladslökar), skurna i tjocka skivor

100 g svamp, skivad

2,5 ml/¬Ω tesked salt

1 vitlöksklyfta, krossad

30 ml/2 matskedar sojasås

15 ml/1 msk risvin eller torr sherry

Skär hummerköttet i 2,5 cm stora tärningar. Blanda majsmjöl och vatten till en pasta och tillsätt hummertärningarna i blandningen för att täcka. Hetta upp hälften av oljan och stek hummertärningarna lätt gyllene, ta bort dem från pannan. Hetta upp resten av oljan och fräs vårlöken tills den är gyllenbrun. Tillsätt svampen och fräs i 3 minuter. Tillsätt salt, vitlök, sojasås och vin eller sherry och fräs i 2 minuter. Lägg tillbaka hummern i pannan och fräs tills den är varm.

Hummerstjärtar med fläsk

Serverar 4

3 torkade kinesiska svampar

4 hummerstjärtar

60 ml/4 matskedar jordnötsolja (jordnötter).

100 g fläskfärs (färs).

50 g vattenkastanjer, finhackade

salt och nymalen peppar

2 vitlöksklyftor, krossade

45 ml/3 matskedar sojasås

30 ml/2 matskedar risvin eller torr sherry

30 ml/2 msk svartbönsås

10 ml/2 matskedar majsmjöl (majsstärkelse)

120 ml/4 fl oz/¬Ω kopp vatten

Blötlägg svampen i varmt vatten i 30 minuter, låt sedan rinna av.
Ta bort stjälkarna och hacka locken. Skär hummerstjärtarna på
mitten på längden. Ta bort köttet från hummerstjärtarna, spara
skalen. Hetta upp hälften av oljan och stek fläsket tills det fått lätt
färg. Ta av från värmen och tillsätt svamp, hummerkött,
vattenkastanjer, salt och peppar. Stäng köttet i hummerskalen och
lägg det på en bakplåt. Lägg på galler i en ångkokare, täck över
och ånga i ca 20 minuter tills den är genomstekt. Värm under

tiden den återstående oljan och fräs vitlök, sojasås, vin eller
sherry och svartbönor i 2 minuter. Blanda majsmjöl och vatten
tills en deg bildas, rör ner i pannan och låt sjuda under omrörning
tills såsen tjocknar. Lägg upp hummern på ett varmt
serveringsfat, häll såsen över och servera genast.

Panstekt hummer

Serverar 4

450g/1lb hummerstjärtar

30 ml/2 matskedar jordnötsolja (jordnötter).

1 vitlöksklyfta, krossad

2,5 ml/¬Ω tesked salt

350 g sojagroddar

50 g champinjoner

4 ramslökar (salladslökar), skurna i tjocka skivor

150 ml/¬° pt/mycket ¬Ω kopp kycklingfond

15 ml/1 matsked majsmjöl (majsstärkelse)

Koka upp en kastrull med vatten, tillsätt hummerstjärtarna och koka i 1 minut. Låt rinna av, kyl, ta bort skalet och skär i tjocka skivor. Hetta upp oljan med vitlök och salt och fräs tills vitlöken är lätt brynt. Tillsätt hummern och fräs i 1 minut. Tillsätt böngroddar och champinjoner och fräs i 1 minut. Tillsätt vårlöken. Tillsätt det mesta av fonden, låt koka upp, täck över och låt sjuda i 3 minuter. Blanda majsstärkelsen med den återstående buljongen, häll den i pannan och låt sjuda under omrörning tills såsen ljusnar och tjocknar.

Hummer bon

Serverar 4

30 ml/2 matskedar jordnötsolja (jordnötter).

5 ml/1 tsk salt

1 lök, tunt skivad

100 g svamp, skivad

100 g bambuskott, skivade 225 g kokt hummerkött

15 ml/1 msk risvin eller torr sherry

120 ml/4 fl oz/¬Ω kopp kycklingbuljong

en nypa nymalen peppar

10 ml/2 tsk majsmjöl (majsstärkelse)

15 ml/1 matsked vatten

4 korgar tagliatelle

Hetta upp oljan och fräs salt och lök tills det mjuknat. Tillsätt svampen och bambuskotten och fräs i 2 minuter. Tillsätt hummerkött, vin eller sherry och fond, låt koka upp, täck och låt sjuda i 2 minuter. Krydda med peppar. Blanda majsmjöl och vatten tills en deg bildas, rör ner i pannan och låt sjuda under omrörning tills såsen tjocknar. Lägg upp nudelbon på ett varmt serveringsfat och toppa med den pannstekta hummern.

Serverar 4

45 ml/3 matskedar jordnötsolja (jordnötter).

2 vitlöksklyftor, krossade

2 skivor ingefära, hackad

30 ml/2 msk svartbönsås

15 ml/1 matsked sojasås

1,5 kg musslor, tvättade och skäggiga

2 vårlökar (salladslökar), hackade

Hetta upp oljan och fräs vitlök och ingefära i 30 sekunder.

Tillsätt den svarta bönsåsen och sojasåsen och fräs i 10 sekunder.

Lägg i musslorna, täck över och koka i ca 6 minuter tills

musslorna har öppnat sig. Släng allt som förblir stängt. Lägg över

till ett varmt serveringsfat och servera beströdd med vårlök.

Serverar 4

45 ml/3 matskedar jordnötsolja (jordnötter).

2 vitlöksklyftor, krossade

4 skivor ingefära, hackad

1,5 kg musslor, tvättade och skäggiga

45 ml/3 matskedar vatten

15 ml/1 matsked ostronsås

Hetta upp oljan och fräs vitlök och ingefära i 30 sekunder. Tillsätt musslorna och vattnet, täck över och koka i ca 6 minuter tills musslorna har öppnat sig. Släng allt som förblir stängt. Lägg över till ett varmt serveringsfat och servera översållad med ostronsås.

Ångkokta musslor

Serverar 4

1,5 kg musslor, tvättade och skäggiga

45 ml/3 matskedar sojasås

3 ramslökar (salladslökar), fint hackade

Lägg upp musslorna på ett galler i en ångkokare, täck över och ånga i kokande vatten i ca 10 minuter tills alla musslor har öppnat sig. Släng allt som förblir stängt. Lägg över till ett varmt serveringsfat och servera strö över sojasås och vårlök.

Stekt ostron

Serverar 4

24 ostron, shucked

salt och nymalen peppar

1 ägg, uppvispat

50 g/2 oz/¬Ω kopp vanligt (all-purpose) mjöl.

250 ml/8 fl oz/1 kopp vatten

stek olja

4 vårlökar (salladslökar), hackade

Strö över ostronen med salt och peppar. Vispa ägget med mjölet och vattnet tills du får en smet och använd den för att belägga ostronen. Hetta upp oljan och stek ostronen gyllenbruna. Låt rinna av på hushållspapper och servera garnerad med vårlök.

Ostron med bacon

Serverar 4

175 g bacon

24 ostron, shucked

1 ägg, lätt uppvispat

15 ml/1 matsked vatten

45 ml/3 matskedar jordnötsolja (jordnötter).

2 lökar, hackade

15 ml/1 matsked majsmjöl (majsstärkelse)

15 ml/1 matsked sojasås

90 ml/6 matskedar kycklingfond

Skär baconet i bitar och vira en bit runt varje ostron. Vispa ägget med vattnet och doppa sedan i ostron för att täcka. Hetta upp hälften av oljan och stek ostronen gyllenbruna på båda sidor, ta sedan ur pannan och rinna av fettet. Hetta upp den återstående oljan och fräs löken tills den mjuknat. Blanda maizena, soja och buljong till en pasta, häll i pannan och låt sjuda under omrörning tills såsen ljusnar och tjocknar. Häll över ostronen och servera genast.

Stekt ostron med ingefära

Serverar 4

24 ostron, shucked

2 skivor ingefära, hackad

30 ml/2 matskedar sojasås

15 ml/1 msk risvin eller torr sherry

4 st vårlökar (salladslökar), skurna i strimlor

100 g bacon

1 ägg

50 g/2 oz/¬Ω kopp vanligt (all-purpose) mjöl.

salt och nymalen peppar

stek olja

1 citron, skuren i klyftor

Lägg ostron i en skål med ingefära, sojasås och vin eller sherry och rör om ordentligt. Låt vila i 30 minuter. Lägg några remsor av vårlök ovanpå varje ostron. Skär baconet i bitar och vira en bit runt varje ostron. Vispa ägg och mjöl till en smet och smaka av med salt och peppar. Doppa ostronen i smeten tills de är väl täckta. Hetta upp oljan och stek ostronen gyllenbruna. Servera garnerad med citronklyftor.

Ostron med svartbönsås

Serverar 4

350 g shucked ostron

120 ml/4 fl oz/¬Ω kopp jordnötsolja (jordnöt).

2 vitlöksklyftor, krossade

3 vårlökar (salladslökar), skivade

15 ml/1 matsked svart bönsås

30 ml/2 matskedar mörk sojasås

15 ml/1 matsked sesamolja

en nypa chilipulver

Blanchera ostronen i kokande vatten i 30 sekunder och låt dem rinna av. Hetta upp oljan och fräs vitlöken och vårlöken i 30 sekunder. Tillsätt svarta bönsås, sojasås, sesamolja och ostron och smaka av med chilipulver. Stek tills det är varmt och servera omedelbart.

Pilgrimsmusslor med bambuskott

Serverar 4

60 ml/4 matskedar jordnötsolja (jordnötter).

6 vårlökar (salladslökar), hackade

225 g svamp, skuren i fjärdedelar

15 ml/1 matsked socker

450 g skalade pilgrimsmusslor

2 skivor ingefära, hackad

225 g bambuskott, skivade

salt och nymalen peppar

300 ml/¬Ω pt/1 ¬° koppar vatten

30 ml/2 matskedar vinäger

30 ml/2 matskedar majsmjöl (majsstärkelse)

150 ml/¬° pt/mycket ¬Ω kopp vatten

45 ml/3 matskedar sojasås

Hetta upp oljan och fräs vårlöken och svampen i 2 minuter.
Tillsätt socker, pilgrimsmusslor, ingefära, bambuskott, salt och
peppar, täck över och koka i 5 minuter. Tillsätt vattnet och
vinägern, låt koka upp, täck över och låt sjuda i 5 minuter.
Blanda majsmjöl och vatten till en pasta, rör ner i pannan och låt
sjuda under omrörning tills såsen tjocknar. Smaka av med soja
och servera.

Pilgrimsmusslor med ägg

Serverar 4

45 ml/3 matskedar jordnötsolja (jordnötter).

350 g skalade pilgrimsmusslor

25 g rökt skinka, hackad

30 ml/2 matskedar risvin eller torr sherry

5ml/1 tsk socker

2,5 ml/¬Ω tesked salt

en nypa nymalen peppar

2 ägg, lätt vispade

15 ml/1 matsked sojasås

Hetta upp oljan och fräs pilgrimsmusslorna i 30 sekunder. Tillsätt skinkan och fräs i 1 minut. Tillsätt vin eller sherry, socker, salt och peppar och fräs i 1 minut. Tillsätt äggen och blanda försiktigt på hög värme tills ingredienserna är väl täckta av ägget. Servera beströdd med sojasås.

Pilgrimsmusslor med broccoli

Serverar 4

350 g pilgrimsmusslor, skivade

3 skivor ingefära, hackad

¬Ω liten morot, skivad

1 vitlöksklyfta, krossad

45 ml/3 matskedar mjöl (all-purpose).

2,5 ml/¬Ω tesked natriumbikarbonat (natriumbikarbonat)

30 ml/2 matskedar jordnötsolja (jordnötter).

15 ml/1 matsked vatten

1 banan, skivad

stek olja

275 g broccoli

salt

5 ml/1 tsk sesamolja

2,5 ml/¬Ω tesked chilisås

2,5 ml/¬Ω tesked vinäger

2,5 ml/¬Ω tesked tomatpuré√©e (pasta)

Blanda pilgrimsmusslorna med ingefära, morot och vitlök och låt vila. Blanda mjöl, bikarbonat, 15 ml/1 msk olja och vatten till en deg och använd för att täcka bananskivorna. Hetta upp oljan och stek bananen gyllene, låt den rinna av och arrangera runt en varm serveringsfat. Koka under tiden broccolin i kokande, saltat vatten tills den precis är mjuk och låt den rinna av. Hetta upp den återstående oljan med sesamoljan och stek broccolin kort och lägg den sedan runt plåten med bananerna. Tillsätt chilisås, vinäger och tomatpuré i pannan och fräs pilgrimsmusslorna tills de är genomstekta. Häll upp på ett serveringsfat och servera genast.

Pilgrimsmusslor med ingefära

Serverar 4

45 ml/3 matskedar jordnötsolja (jordnötter).

2,5 ml/¬Ω tesked salt

3 skivor ingefära, hackad

2 vårlökar (salladslökar), skurna i tjocka skivor

450 g skalade pilgrimsmusslor, halverade

15 ml/1 matsked majsmjöl (majsstärkelse)

60 ml/4 matskedar vatten

Hetta upp oljan och fräs salt och ingefära i 30 sekunder. Tillsätt vårlöken och fräs tills den är gyllene. Tillsätt pilgrimsmusslorna

och fräs i 3 minuter. Blanda majsmjöl och vatten tills en deg
bildas, lägg i pannan och låt sjuda under omrörning tills det
tjocknat. Servera omedelbart.

Pilgrimsmusslor med skinka

Serverar 4

450 g skalade pilgrimsmusslor, halverade
250 ml/8 fl oz/1 kopp risvin eller torr sherry
1 lök, finhackad
2 skivor ingefära, hackad
2,5 ml/¬Ω tesked salt
100g rökt skinka, hackad

Lägg pilgrimsmusslorna i en skål och tillsätt vinet eller sherryn.
Täck över och låt marinera i 30 minuter, vänd då och då, häll
sedan av pilgrimsmusslorna och släng marinaden. Lägg
pilgrimsmusslorna i en ugnsform tillsammans med övriga

ingredienser. Lägg brickan på ett galler i en ångkokare, täck över
och ånga i kokande vatten i ca 6 minuter tills pilgrimsmusslorna
är mjuka.

Örtad pilgrimsmussla

Serverar 4

225 g skalade pilgrimsmusslor

30 ml/2 matskedar hackad färsk koriander

4 ägg, vispade

15 ml/1 msk risvin eller torr sherry

salt och nymalen peppar

15 ml/1 matsked jordnötsolja (jordnötter).

Lägg pilgrimsmusslorna i en ångkokare och ånga i cirka 3
minuter tills de är genomstekta, beroende på storlek. Ta bort från
ångkokaren och strö över koriander. Vispa äggen med vinet eller
sherryn och smaka av med salt och peppar. Tillsätt
pilgrimsmusslorna och koriandern. Hetta upp oljan och stek ägg-

och pilgrimsblandningen under konstant omrörning tills äggen precis stelnat. Servera omedelbart.

Pilgrimsmusslor och lök sauterade i en panna

Serverar 4

45 ml/3 matskedar jordnötsolja (jordnötter).
1 lök, skivad
450 g skalade pilgrimsmusslor, skurna i fjärdedelar
salt och nymalen peppar
15 ml/1 msk risvin eller torr sherry

Hetta upp oljan och fräs löken tills den mjuknar. Tillsätt pilgrimsmusslorna och fräs tills de är gyllenbruna. Smaka av med salt och peppar, häll i vin eller sherry och servera genast.

Pilgrimsmusslor Med Grönsaker

Serverar 4‚Äì6

4 torkade kinesiska svampar

2 lökar

30 ml/2 matskedar jordnötsolja (jordnötter).

3 st selleri, skär diagonalt

225 g haricots verts, skurna diagonalt

10 ml/2 tsk riven ingefärarot

1 vitlöksklyfta, krossad

20 ml/4 teskedar majsmjöl (majsstärkelse)

250 ml/8 fl oz/1 kopp kycklingfond

30 ml/2 matskedar risvin eller torr sherry

30 ml/2 matskedar sojasås

450 g skalade pilgrimsmusslor, skurna i fjärdedelar

6 vårlökar (salladslökar), skivade

425 g/15 oz konserverade majskolvar

Blötlägg svampen i varmt vatten i 30 minuter, låt sedan rinna av. Ta bort stjälkarna och skiva locken. Skär löken i klyftor och separera lagren. Hetta upp oljan och fräs lök, selleri, bönor, ingefära och vitlök i 3 minuter. Blanda majsstärkelsen med lite buljong och tillsätt sedan resterande buljong, vin eller sherry och sojasås. Lägg i woken och låt koka upp under omrörning. Tillsätt svamp, pilgrimsmusslor, vårlök och majs och fräs i ca 5 minuter tills pilgrimsmusslorna är mjuka.

Pilgrimsmusslor Med Paprika

Serverar 4

30 ml/2 matskedar jordnötsolja (jordnötter).

3 ramslökar (salladslökar), hackade

1 vitlöksklyfta, krossad

2 skivor ingefära, hackad

2 röda paprikor, tärnade

450 g skalade pilgrimsmusslor

30 ml/2 matskedar risvin eller torr sherry

15 ml/1 matsked sojasås

15 ml/1 msk gul bönsås

5ml/1 tsk socker

5 ml/1 tsk sesamolja

Hetta upp oljan och fräs vårlöken, vitlöken och ingefäran i 30 sekunder. Tillsätt paprikan och fräs i 1 minut. Tillsätt pilgrimsmusslorna och fräs i 30 sekunder, tillsätt sedan de återstående ingredienserna och koka i cirka 3 minuter tills pilgrimsmusslorna är mjuka.

Bläckfisk med böngroddar

Serverar 4

450 g bläckfisk

30 ml/2 matskedar jordnötsolja (jordnötter).

15 ml/1 msk risvin eller torr sherry

100 g sojagroddar

15 ml/1 matsked sojasås

salt

1 röd chili, hackad

2 skivor ingefära, hackad

2 vårlökar (salladslökar), hackade

Ta bort huvudet, höljet och hinnan från bläckfisken och skär dem i stora bitar. Klipp ett kors och tvärs mönster på varje bit. Koka upp en kastrull med vatten, tillsätt bläckfisken och låt puttra tills bitarna har rullat ihop sig, låt rinna av och rinna av. Hetta upp hälften av oljan och stek snabbt bläckfisken. Avglasera med vin eller sherry. Värm under tiden den återstående oljan och stek böngroddarna tills de är precis mjuka. Smaka av med sojasås och salt. Ordna chilin, ingefäran och vårlöken runt ett serveringsfat. Placera böngroddarna i mitten och lägg bläckfisken ovanpå. Servera omedelbart.

Stekt bläckfisk

Serverar 4

50 g vanligt mjöl (all-purpose).

25 g/1 oz/¬° kopp majsmjöl (majsstärkelse)

2,5 ml/¬Ω tesked bakpulver

2,5 ml/¬Ω tesked salt

1 ägg

75 ml/5 matskedar vatten

15 ml/1 matsked jordnötsolja (jordnötter).

450 g bläckfisk, skuren i ringar

stek olja

Vispa mjöl, maizena, bakpulver, salt, ägg, vatten och olja tills en smet bildats. Doppa bläckfisken i smeten tills de är väl belagda. Hetta upp oljan och stek bläckfisken några bitar i taget tills den är gyllenbrun. Låt rinna av på hushållspapper innan servering.

Paket med bläckfisk

Serverar 4

8 torkade kinesiska svampar

450 g bläckfisk

100 g rökt skinka

100 g tofu

1 ägg, uppvispat

15 ml/1 msk mjöl (alltså).

2,5 ml/¬Ω tesked socker

2,5 ml/¬Ω tesked sesamolja

salt och nymalen peppar

8 wonton skinn

stek olja

Blötlägg svampen i varmt vatten i 30 minuter, låt sedan rinna av. Kassera stjälkarna. Skala bläckfisken och skär dem i 8 bitar. Skär skinkan och tofun i 8 bitar. Lägg dem alla i en skål. Blanda ägget med mjöl, socker, sesamolja, salt och peppar. Häll ingredienserna i skålen och blanda försiktigt. Ordna en svamp och en bit vardera av bläckfisk, skinka och tofu strax under mitten av varje wontonskinn. Vik in det nedre hörnet, vik i sidorna och rulla sedan ihop, fukta kanterna med vatten för att täta. Hetta upp oljan och stek paketen i ca 8 minuter tills de är gyllenbruna. Låt rinna av väl före servering.

Friterade bläckfiskrullar

Serverar 4

45 ml/3 matskedar jordnötsolja (jordnötter).

225 g bläckfiskringar

1 stor grön paprika, skuren i bitar

100 g bambuskott, skivade

2 ramslökar (salladslökar), fint hackade

1 skiva ingefära, finhackad

45 ml/2 matskedar sojasås

30 ml/2 matskedar risvin eller torr sherry

15 ml/1 matsked majsmjöl (majsstärkelse)

15 ml/1 matsked fiskbuljong eller vatten

5ml/1 tsk socker

5 ml/1 tesked vinäger

5 ml/1 tsk sesamolja

salt och nymalen peppar

Hetta upp 15 ml/1 msk olja och stek snabbt bläckfiskringarna
tills de är väl förslutna. Värm under tiden den återstående oljan i

en separat panna och fräs paprikan, bambuskotten, vårlöken och ingefäran i 2 minuter. Tillsätt bläckfisken och fräs i 1 minut. Kombinera sojasås, vin eller sherry, majsstärkelse, buljong, socker, vinäger och sesamolja och smaka av med salt och peppar. Fräs tills såsen ljusnar och tjocknar.

Wokad bläckfisk

Serverar 4

45 ml/3 matskedar jordnötsolja (jordnötter).
3 ramslökar (salladslökar), skurna i tjocka skivor
2 skivor ingefära, hackad
450 g bläckfisk, skuren i bitar
15 ml/1 matsked sojasås
15 ml/1 msk risvin eller torr sherry
5 ml/1 tsk majsmjöl (majsstärkelse)
15 ml/1 matsked vatten

Hetta upp oljan och fräs vårlöken och ingefäran tills den mjuknat. Tillsätt bläckfisken och fräs tills den är täckt med olja. Tillsätt sojasås och vin eller sherry, täck över och låt sjuda i 2 minuter.

Blanda majsmjöl och vatten tills det bildar en deg, lägg i pannan

och låt sjuda under omrörning tills såsen tjocknar och bläckfisken

är mjuk.

Bläckfisk Med Torkad Svamp

Serverar 4

50 g torkad kinesisk svamp

450g/1lb bläckfiskringar

45 ml/3 matskedar jordnötsolja (jordnötter).

45 ml/3 matskedar sojasås

2 ramslökar (salladslökar), fint hackade

1 skiva ingefära, hackad

225 g bambuskott, skurna i strimlor

30 ml/2 matskedar majsmjöl (majsstärkelse)

150 ml/¬° pt/bra ¬Ω kopp fiskbuljong

Blötlägg svampen i varmt vatten i 30 minuter, låt sedan rinna av.

Ta bort stjälkarna och skiva locken. Blanchera bläckfiskringarna

i några sekunder i kokande vatten. Hetta upp oljan, tillsätt sedan

svamp, soja, vårlök och ingefära och fräs i 2 minuter. Tillsätt

bläckfisken och bambuskotten och fräs i 2 minuter. Blanda

samman maizena och buljong och rör ner i pannan. Sjud under

omrörning tills såsen ljusnar och tjocknar.

93

Bläckfisk Med Grönsaker

Serverar 4

45 ml/3 matskedar jordnötsolja (jordnötter).

1 lök, skivad

5 ml/1 tsk salt

450 g bläckfisk, skuren i bitar

100 g bambuskott, skivade

2 stjälkar selleri, skuren diagonalt

60 ml/4 matskedar kycklingfond

5ml/1 tsk socker

100 g mangetout (snöärter)

5 ml/1 tsk majsmjöl (majsstärkelse)

15 ml/1 matsked vatten

Hetta upp oljan och fräs löken och saltet gyllenbrunt. Tillsätt bläckfisken och stek tills den är täckt med olja. Tillsätt bambuskott och selleri och fräs i 3 minuter. Tillsätt fond och socker, låt koka upp, täck och låt sjuda i 3 minuter tills grönsakerna är precis mjuka. Tillsätt mangeut. Blanda majsmjöl och vatten till en pasta, rör ner i pannan och låt sjuda under omrörning tills såsen tjocknar.

Bräserad nötkött med anis

Serverar 4

30 ml/2 matskedar jordnötsolja (jordnötter).

450g/1lb nötbiff

1 vitlöksklyfta, krossad

45 ml/3 matskedar sojasås

15 ml/1 matsked vatten

15 ml/1 msk risvin eller torr sherry

5 ml/1 tsk salt

5ml/1 tsk socker

2 stjärnanisnejlika

Hetta upp oljan och stek köttet gyllenbrunt på alla sidor. Tillsätt resterande ingredienser, låt koka upp, täck och låt sjuda i ca 45 minuter, vänd sedan köttet, tillsätt lite mer vatten och sojasås om köttet torkar ut. Koka i ytterligare 45 minuter tills köttet är mört. Ta bort stjärnanisen innan servering.

Serverar 4

450 g nötkött, tärnad

30 ml/2 matskedar sojasås

30 ml/2 matskedar risvin eller torr sherry

45 ml/3 matskedar majsmjöl (majsstärkelse)

45 ml/3 matskedar jordnötsolja (jordnötter).

5 ml/1 tsk salt

1 vitlöksklyfta, krossad

350 g sparristips

120 ml/4 fl oz/¬Ω kopp kycklingbuljong

15 ml/1 matsked sojasås

Lägg steken i en skål. Blanda samman sojasås, vin eller sherry och 30ml/2msk majsmjöl, häll över steken och blanda väl. Låt marinera i 30 minuter. Hetta upp oljan med salt och vitlök och fräs tills vitlöken är lätt gyllene. Tillsätt köttet och marinaden och fräs i 4 minuter. Tillsätt sparrisen och fräs den i pannan i 2 minuter. Tillsätt fond och soja, låt koka upp och låt sjuda under omrörning i 3 minuter tills köttet är genomstekt. Blanda resten av majsstärkelsen med lite mer vatten eller buljong och tillsätt den i såsen. Koka på låg värme under omrörning i några minuter tills såsen har blivit ljusare och tjocknat.

Serverar 4

45 ml/3 matskedar jordnötsolja (jordnötter).

1 vitlöksklyfta, krossad

1 vårlök (salladslök), hackad

1 skiva ingefära, hackad

225 g magert nötkött, skuret i strimlor

100 g bambuskott

45 ml/3 matskedar sojasås

15 ml/1 msk risvin eller torr sherry

5 ml/1 tsk majsmjöl (majsstärkelse)

Hetta upp oljan och fräs vitlök, vårlök och ingefära gyllenbrun. Lägg i köttet och stek i 4 minuter tills det fått färg. Tillsätt bambuskotten och fräs i 3 minuter. Tillsätt sojasås, vin eller sherry och majsstärkelse och fräs i 4 minuter.

Nötkött med bambuskott och svamp

Serverar 4

225 g magert nötkött

45 ml/3 matskedar jordnötsolja (jordnötter).

1 skiva ingefära, hackad

100 g bambuskott, skivade

100 g svamp, skivad

45 ml/3 matskedar risvin eller torr sherry

5ml/1 tsk socker

10 ml/2 tsk sojasås

salt och peppar

120 ml/4 fl oz/¬Ω kopp nötköttsbuljong

15 ml/1 matsked majsmjöl (majsstärkelse)

30 ml/2 matskedar vatten

Skiva köttet tunt mot säden. Hetta upp oljan och fräs ingefäran i några sekunder. Tillsätt köttet och fräs tills det får färg. Tillsätt bambuskotten och svampen och fräs i 1 minut. Tillsätt vin eller sherry, socker och soja och smaka av med salt och peppar. Tillsätt buljongen, låt koka upp, täck över och låt sjuda i 3 minuter. Blanda maizena och vatten, häll i pannan och låt sjuda under omrörning tills såsen tjocknar.

Kinesiskt bräserat nötkött

Serverar 4

45 ml/3 matskedar jordnötsolja (jordnötter).

900 g biff

1 vårlök (salladslök), skivad

1 vitlöksklyfta, finhackad

1 skiva ingefära, hackad

60 ml/4 matskedar sojasås

30 ml/2 matskedar risvin eller torr sherry

5ml/1 tsk socker

5 ml/1 tsk salt

nypa peppar

750 ml/1¬° pts/3 koppar kokande vatten

Hetta upp oljan och bryn köttet snabbt på alla sidor. Tillsätt vårlök, vitlök, ingefära, soja, vin eller sherry, socker, salt och peppar. Koka upp under omrörning. Tillsätt det kokande vattnet, låt koka upp igen under omrörning, täck sedan och låt sjuda i cirka 2 timmar tills köttet är mört.

Nötkött med böngroddar

Serverar 4

450 g magert nötkött, skivat

1 äggvita

30 ml/2 matskedar jordnötsolja (jordnötter).

15 ml/1 matsked majsmjöl (majsstärkelse)

15 ml/1 matsked sojasås

100 g sojagroddar

25 g/1 oz picklad vitkål, riven

1 röd chili, hackad

2 vårlökar (salladslökar), hackade

2 skivor ingefära, hackad

salt

5 ml/1 tsk ostronsås

5 ml/1 tsk sesamolja

Blanda köttet med äggvitan, hälften av oljan, majsstärkelsen och sojasåsen och låt vila i 30 minuter. Blanchera böngroddarna i kokande vatten i ca 8 minuter tills de nästan är mjuka, låt dem rinna av. Hetta upp den återstående oljan och stek köttet tills det får färg, ta sedan ur pannan. Tillsätt kål, chili, ingefära, salt, ostronsås och sesamolja och fräs i 2 minuter. Tillsätt böngroddar och fräs i 2 minuter. Lägg tillbaka köttet i pannan och fräs tills det är väl blandat och genomvärmt. Servera omedelbart.

Nötkött med broccoli

Serverar 4

450 g nötkött, tunt skivad

30 ml/2 matskedar majsmjöl (majsstärkelse)

15 ml/1 msk risvin eller torr sherry

15 ml/1 matsked sojasås

30 ml/2 matskedar jordnötsolja (jordnötter).

5 ml/1 tsk salt

1 vitlöksklyfta, krossad

225 g/8 oz broccolibuketter

150 ml/¬° pt/mycket ¬Ω kopp nötbuljong

Lägg steken i en skål. Blanda 15 ml/1 matsked majsstärkelse med vinet eller sherryn och sojasåsen, tillsätt köttet och låt marinera i 30 minuter. Hetta upp oljan med salt och vitlök och fräs tills vitlöken är lätt gyllene. Tillsätt biffen och marinaden och fräs i 4 minuter. Tillsätt broccolin och fräs i 3 minuter. Tillsätt fonden, låt koka upp, täck och låt sjuda i 5 minuter tills broccolin är precis mjuk men fortfarande krispig. Blanda resten av majsstärkelsen med lite vatten och tillsätt den i såsen. Sjud under omrörning tills såsen ljusnar och tjocknar.

Sesambiff med broccoli

Serverar 4

150 g magert nötkött, tunt skivat

2,5 ml/¬Ω tesked ostronsås

5 ml/1 tsk majsmjöl (majsstärkelse)

5 ml/1 tsk vitvinsvinäger

60 ml/4 matskedar jordnötsolja (jordnötter).

100 g broccolibuktor

5ml/1 tsk fisksås

2,5 ml/¬Ω tesked sojasås

250 ml/8 fl oz/1 kopp nötköttsbuljong

30 ml/2 matskedar sesamfrön

Marinera köttet med ostronsås, 2,5 ml/¬Ω tsk majsmjöl, 2,5 ml/¬Ω tsk vinäger och 15 ml/1 msk olja i 1 timme.

Värm under tiden 15 ml/1 matsked olja, tillsätt broccolin, 2,5 ml/¬Ω teskedar fisksås, sojasåsen och den återstående vinägern och täck bara med kokande vatten. Sjud i ca 10 minuter tills den precis är mjuk.

Hetta upp 30 ml/2 msk olja i en separat panna och stek nötköttet kort tills det är tätt. Tillsätt fonden, resterande majsstärkelse och fisksås, låt koka upp, täck och låt sjuda i cirka 10 minuter tills köttet är mört. Låt broccolin rinna av och lägg den på en varm serveringsfat. Toppa med kött och strö över rikligt med sesamfrön.

Grillat nötkött

Serverar 4

450 g mager biff, skivad

60 ml/4 matskedar sojasås

2 vitlöksklyftor, krossade

5 ml/1 tsk salt

2,5 ml/¬Ω tesked nymalen peppar

10ml/2 tsk socker

Blanda alla ingredienser och låt marinera i 3 timmar. Grilla eller stek (grill) på en het grill i ca 5 minuter per sida.

Kantonesiskt nötkött

Serverar 4

30 ml/2 matskedar majsmjöl (majsstärkelse)

2 äggvitor vispade tills de blir hårda

450g biff, skuren i strimlor

stek olja

4 st selleristänger, skivade

2 lökar, skivade

60 ml/4 matskedar vatten

20ml/4 tsk salt

75 ml/5 matskedar sojasås

60 ml/4 matskedar risvin eller torr sherry

30ml/2 matskedar socker

nymalen peppar

Blanda hälften av majsstärkelsen med äggvitan. Tillsätt steken och rör om så att nötköttet täcks i smeten. Hetta upp oljan och stek steken tills den är gyllenbrun. Ta ur pannan och låt rinna av på hushållspapper. Hetta upp 15 ml/1 msk olja och fräs selleri och lök i 3 minuter. Tillsätt kött, vatten, salt, soja, vin eller sherry och socker och smaka av med peppar. Koka upp och låt sjuda under omrörning tills såsen tjocknar.

Nötkött Med Morötter

Serverar 4

30 ml/2 matskedar jordnötsolja (jordnötter).

450 g magert nötkött, skuren i tärningar

2 vårlökar (salladslökar), skivade

2 vitlöksklyftor, krossade

1 skiva ingefära, hackad

250 ml/8 fl oz/1 kopp sojasås

30 ml/2 matskedar risvin eller torr sherry

30 ml/2 matskedar farinsocker

5 ml/1 tsk salt

600 ml/1 pt/2 ¬Ω koppar vatten

4 morötter, skurna diagonalt

Hetta upp oljan och stek köttet tills det är gyllenbrunt. Häll av överflödig olja och tillsätt vårlök, vitlök, ingefära och anis och fräs i 2 minuter. Tillsätt sojasås, vin eller sherry, socker och salt och blanda väl. Tillsätt vatten, koka upp, täck över och låt sjuda i 1 timme. Tillsätt morötterna, täck över och koka i ytterligare 30 minuter. Ta av locket och låt sjuda tills såsen har reducerats.

Nötkött med cashewnötter

Serverar 4

60 ml/4 matskedar jordnötsolja (jordnötter).

450 g nötkött, tunt skivad

8 ramslökar (salladslökar), skurna i bitar

2 vitlöksklyftor, krossade

1 skiva ingefära, hackad

75 g/3 oz/¬æ kopp rostade cashewnötter

120 ml/4 fl oz/¬Ω kopp vatten

20 ml/4 teskedar majsmjöl (majsstärkelse)

20 ml/4 tsk sojasås

5 ml/1 tsk sesamolja

5 ml/1 tsk ostronsås

5 ml/1 tsk chilisås

Hetta upp hälften av oljan och stek köttet gyllenbrunt. Ta bort från pannan. Hetta upp resterande olja och fräs vårlök, vitlök, ingefära och cashewnötter i 1 minut. Lägg tillbaka köttet i pannan. Blanda övriga ingredienser och häll blandningen i pannan. Koka upp och låt sjuda under omrörning tills blandningen tjocknar.

Slow Beef Gryta

Serverar 4

30 ml/2 matskedar jordnötsolja (jordnötter).

450 g gryta nötkött i tärningar

3 skivor ingefära, hackad

3 morötter, skivade

1 kålrot, tärnad

15 ml/1 matsked svarta dadlar, urkärnade

15 ml/1 matsked lotusfrön

30 ml/2 matskedar tomatpuré√©e (pasta)

10ml/2 matskedar salt

900 ml/1¬Ω pts/3¬æ koppar nötbuljong

250 ml/8 fl oz/1 kopp risvin eller torr sherry

Hetta upp oljan i en stor kastrull eller eldfast stekpanna och stek köttet tills det är tätt på alla sidor.

Nötkött med blomkål

Serverar 4

225 g blomkålsbuketter

stek olja

225 g nötkött, skuren i strimlor

50 g bambuskott, skurna i strimlor

10 vattenkastanjer, skurna i strimlor

120 ml/4 fl oz/¬Ω kopp kycklingbuljong

15 ml/1 matsked sojasås

15 ml/1 matsked ostronsås

15 ml/1 matsked tomatpuré√©e (pasta)

15 ml/1 matsked majsmjöl (majsstärkelse)

2,5 ml/¬Ω tesked sesamolja

Blanchera blomkålen i 2 minuter i kokande vatten och låt den rinna av. Hetta upp oljan och stek blomkålen tills den är gyllenbrun. Ta ut och låt rinna av på hushållspapper. Hetta upp

oljan och stek köttet tills det fått lite färg, låt rinna av och rinna
av. Häll i allt utom 15 ml/1 msk olja och fräs bambuskotten och
vattenkastanjerna i 2 minuter. Tillsätt de återstående
ingredienserna, låt koka upp och låt sjuda under omrörning tills
såsen tjocknar. Häll tillbaka nötköttet och blomkålen i pannan
och värm försiktigt. Servera omedelbart.

Nötkött med selleri

Serverar 4

100 g selleri, skuren i strimlor

45 ml/3 matskedar jordnötsolja (jordnötter).

2 vårlökar (salladslökar), hackade

1 skiva ingefära, hackad

225 g magert nötkött, skuret i strimlor

30 ml/2 matskedar sojasås

30 ml/2 matskedar risvin eller torr sherry

2,5 ml/¬Ω tesked socker

2,5 ml/¬Ω tesked salt

Blanchera sellerin i kokande vatten i 1 minut och låt sedan rinna
av ordentligt. Hetta upp oljan och fräs vårlöken och ingefäran
gyllenbrun. Tillsätt köttet och fräs i 4 minuter. Tillsätt sellerin
och fräs i 2 minuter. Tillsätt sojasås, vin eller sherry, socker och
salt och fräs i 3 minuter.

Stekta nötköttskivor Med Selleri

Serverar 4

30 ml/2 matskedar jordnötsolja (jordnötter).

450 g magert nötkött, skuret i flingor

3 st selleri, hackade

1 lök, hackad

1 vårlök (salladslök), skivad

1 skiva ingefära, hackad

30 ml/2 matskedar sojasås

15 ml/1 msk risvin eller torr sherry

2,5 ml/¬Ω tesked socker

2,5 ml/¬Ω tesked salt

10 ml/2 tsk majsmjöl (majsstärkelse)

30 ml/2 matskedar vatten

Hetta upp hälften av oljan tills det är väldigt varmt och stek köttet i 1 minut tills det är gyllenbrunt. Ta bort från pannan. Hetta upp den återstående oljan och fräs selleri, lök, vårlök och ingefära tills de mjuknat något. Lägg tillbaka köttet i pannan med sojasås, vin eller sherry, socker och salt, låt koka upp och fräs till återuppvärmning. Blanda maizena och vatten, rör ner i pannan och låt sjuda tills såsen tjocknar. Servera omedelbart.

Skivad nötkött med kyckling och selleri

Serverar 4

4 torkade kinesiska svampar

45 ml/3 matskedar jordnötsolja (jordnötter).

2 vitlöksklyftor, krossade

1 ingefära rot, skivad, hackad

5 ml/1 tsk salt

100 g magert nötkött, skuret i strimlor

100 g kyckling, skuren i strimlor

2 morötter, skurna i strimlor

2 stjälkar selleri, skuren i strimlor

4 st vårlökar (salladslökar), skurna i strimlor

5ml/1 tsk socker

5 ml/1 tsk sojasås

5 ml/1 tsk risvin eller torr sherry

45 ml/3 matskedar vatten

5 ml/1 tsk majsmjöl (majsstärkelse)

Blötlägg svampen i varmt vatten i 30 minuter, låt sedan rinna av. Ta bort stjälkarna och hacka locken. Hetta upp oljan och fräs vitlök, ingefära och salt gyllenbrun. Tillsätt nötköttet och kycklingen och stek tills det börjar få färg. Tillsätt selleri, vårlök, socker, soja, vin eller sherry och vatten och låt koka upp. Täck över och låt sjuda i cirka 15 minuter tills köttet är mört. Blanda majsstärkelsen med lite vatten, tillsätt den i såsen och låt sjuda under omrörning tills såsen tjocknar.

Biff med chilipeppar

Serverar 4

450 g nötkött, skuren i strimlor

45 ml/3 matskedar sojasås

15 ml/1 msk risvin eller torr sherry

15 ml/1 matsked farinsocker

15 ml/1 matsked finhackad ingefärsrot

30 ml/2 matskedar jordnötsolja (jordnötter).

50 g bambuskott, skurna i tändstickor

1 lök, skuren i strimlor

1 stav selleri, skuren i tändstickor

2 röda chilipeppar, kärnade och skurna i strimlor

120 ml/4 fl oz/¬Ω kopp kycklingbuljong

15 ml/1 matsked majsmjöl (majsstärkelse)

Lägg steken i en skål. Blanda samman sojasås, vin eller sherry, socker och ingefära och lägg i steken. Låt marinera i 1 timme. Ta bort biff från marinaden. Hetta upp hälften av oljan och fräs bambuskott, lök, selleri och chili i 3 minuter och ta sedan ur pannan. Hetta upp resterande olja och stek steken i 3 minuter. Kombinera marinaden, låt koka upp och tillsätt de stekta grönsakerna. Koka, rör om, i 2 minuter. Blanda buljongen och majsstärkelsen och tillsätt den i pannan. Koka upp och låt sjuda under omrörning tills såsen ljusnar och tjocknar.

Serverar 4

225 g magert nötkött

30 ml/2 matskedar jordnötsolja (jordnötter).

350 g bok choy, riven

120 ml/4 fl oz/¬Ω kopp nötköttsbuljong

salt och nymalen peppar

10 ml/2 tsk majsmjöl (majsstärkelse)

30 ml/2 matskedar vatten

Skiva köttet tunt mot säden. Hetta upp oljan och stek köttet tills det är gyllenbrunt. Tillsätt bok choy och fräs tills den mjuknat något. Tillsätt buljongen, låt koka upp och smaka av med salt och peppar. Täck och låt sjuda i 4 minuter tills köttet är mört. Blanda maizena och vatten, häll i pannan och låt sjuda under omrörning tills såsen tjocknar.

Beef Chop Suey

Serverar 4

3 st selleristänger, skivade

100 g sojagroddar

100 g broccolibuktor

60 ml/4 matskedar jordnötsolja (jordnötter).

3 ramslökar (salladslökar), hackade

2 vitlöksklyftor, krossade

1 skiva ingefära, hackad

225 g magert nötkött, skuret i strimlor

45 ml/3 matskedar sojasås

15 ml/1 msk risvin eller torr sherry

5 ml/1 tsk salt

2,5 ml/¬Ω tesked socker

nymalen peppar

15 ml/1 matsked majsmjöl (majsstärkelse)

Blanchera selleri, böngroddar och broccoli i kokande vatten i 2 minuter, låt rinna av och torka. Hetta upp 45 ml/3 msk olja och fräs vårlöken, vitlöken och ingefäran tills de är gyllenbruna. Tillsätt köttet och fräs i 4 minuter. Ta bort från pannan. Hetta upp resterande olja och stek grönsakerna i 3 minuter. Tillsätt nötkött, sojasås, vin eller sherry, salt, socker och en nypa peppar och fräs i 2 minuter. Blanda majsstärkelsen med lite vatten, häll den i pannan och låt sjuda under omrörning tills såsen ljusnar och tjocknar.

Nötkött med gurka

Serverar 4

450 g nötkött, tunt skivad

45 ml/3 matskedar sojasås

30 ml/2 matskedar majsmjöl (majsstärkelse)

60 ml/4 matskedar jordnötsolja (jordnötter).

2 gurkor, skalade, kärnade och skivade

60 ml/4 matskedar kycklingfond

30 ml/2 matskedar risvin eller torr sherry

salt och nymalen peppar

Lägg steken i en skål. Blanda samman sojasås och majsstärkelse och lägg i steken. Låt marinera i 30 minuter. Hetta upp hälften av oljan och fräs gurkorna i 3 minuter tills de är ogenomskinliga, ta sedan ut ur pannan. Hetta upp den återstående oljan och stek steken tills den fått färg. Tillsätt gurkorna och fräs i 2 minuter.

Tillsätt buljong, vin eller sherry och smaka av med salt och

peppar. Koka upp, täck och låt sjuda i 3 minuter.

Beef Chow Mein

Serverar 4

750 g/1 ¬Ω lb gumpstek

2 lökar

45 ml/3 matskedar sojasås

45 ml/3 matskedar risvin eller torr sherry

15 ml/1 matsked jordnötssmör

5 ml/1 tsk citronsaft

350 g äggpasta

60 ml/4 matskedar jordnötsolja (jordnötter).

175 ml/6 fl oz/¬æ kopp kycklingbuljong

15 ml/1 matsked majsmjöl (majsstärkelse)

30 ml/2 matskedar ostronsås

4 vårlökar (salladslökar), hackade

3 st selleristänger, skivade

Ta bort och kassera fettet från köttet. Skär parmesanen på tvären i tunna skivor. Skär löken i klyftor och separera lagren. Blanda 15 ml/1 matsked sojasås med 15ml/1 matsked vin eller sherry, jordnötssmöret och citronsaften. Lägg i köttet, täck över och låt vila i 1 timme. Koka tagliatellen i kokande vatten i cirka 5 minuter eller tills den är mjuk. Dränera väl. Hetta upp 15 ml/1 msk olja, tillsätt 15 ml/1 msk sojasås och nudlarna och stek i 2 minuter tills de är gyllenbruna. Överför till ett uppvärmt serveringsfat.

Blanda resterande sojasås och vin eller sherry med buljongen, majsstärkelsen och ostronsåsen. Hetta upp 15 ml/1 msk olja och fräs löken i 1 minut. Tillsätt selleri, svamp, peppar och böngroddar och fräs i 2 minuter. Ta bort från woken. Hetta upp resten av oljan och stek köttet tills det får färg. Tillsätt buljongen, låt koka upp, täck över och låt sjuda i 3 minuter. Lägg tillbaka grönsakerna i woken och låt sjuda under omrörning i cirka 4 minuter tills de är varma. Häll blandningen över tagliatellen och servera.

Serverar 4

450 g rumpstek

10 ml/2 tsk majsmjöl (majsstärkelse)

10 ml/2 tsk salt

2,5 ml/¬Ω tesked nymalen peppar

90 ml/6 matskedar jordnötsolja (jordnötter).

1 lök, finhackad

1 gurka, skalad och skivad

120 ml/4 fl oz/¬Ω kopp nötköttsbuljong

Skär steken i strimlor och skiva sedan tunt mot säden. Lägg i en skål och tillsätt majsmjöl, salt, peppar och hälften av oljan. Låt marinera i 30 minuter. Hetta upp den återstående oljan och fräs nötköttet och löken tills de är gyllenbruna. Tillsätt gurkan och buljongen, låt koka upp, täck och låt sjuda i 5 minuter.

Bakad biffcurry

Serverar 4

45 ml/3 matskedar smör

15 ml/1 msk currypulver

45 ml/3 matskedar mjöl (all-purpose).

375 ml/13 fl oz/1¬Ω koppar mjölk

15 ml/1 matsked sojasås

salt och nymalen peppar

450 g kokt nötkött, hackat

100 g ärtor

2 morötter, hackade

2 lökar, hackade

225 g kokt långkornigt ris, varmt

1 hårdkokt (kokt) ägg, skivat

Smält smöret, tillsätt curry och mjöl och koka i 1 minut. Tillsätt mjölk och soja, låt koka upp och låt sjuda under omrörning i 2 minuter. Krydda med salt och peppar. Tillsätt nötkött, ärtor, morötter och lök och blanda väl för att täcka in såsen. Rör ner riset, överför sedan blandningen till en bakplåt och tillaga i en förvärmd ugn vid 200 ∞C/400 ∞F/gasmark 6 i 20 minuter tills grönsakerna är mjuka. Servera garnerad med skivor hårdkokt ägg.

Serverar 4

450g/1lb konserverad abalone

45 ml/3 matskedar sojasås

30 ml/2 matskedar vinäger

5ml/1 tsk socker

några droppar sesamolja

Låt abalonen rinna av och skiva tunt eller skär i strimlor. Blanda de övriga ingredienserna, häll över abalonen och blanda väl. Täck över och kyl i 1 timme.

Bräserade bambuskott

Serverar 4

60 ml/4 matskedar jordnötsolja (jordnötter).

225 g bambuskott, skurna i strimlor

60 ml/4 matskedar kycklingfond

15 ml/1 matsked sojasås

5ml/1 tsk socker

5 ml/1 tsk risvin eller torr sherry

Hetta upp oljan och stek bambuskotten i 3 minuter. Blanda buljong, soja, socker och vin eller sherry och lägg i pannan. Täck över och låt sjuda i 20 minuter. Låt svalna och svalna innan servering.

Kyckling Med Gurka

Serverar 4

1 gurka, skalad och kärnad

225 g kokt kyckling, skuren i små bitar

5 ml/1 tsk senapspulver

2,5 ml/¬Ω tesked salt

30 ml/2 matskedar vinäger

Skär gurkan i strimlor och lägg dem på ett serveringsfat. Ordna kyckling ovanpå. Blanda senap, salt och vinäger och häll över kycklingen precis innan servering.

Sesam kyckling

Serverar 4

350 g kokt kyckling

120 ml/4 fl oz/¬Ω kopp vatten

5 ml/1 tsk senapspulver

15 ml/1 matsked sesamfrön

2,5 ml/¬Ω tesked salt

En nypa socker

45 ml/3 matskedar hackad färsk koriander

5 vårlökar (salladslökar), hackade

¬Ω salladshuvud, rivet

Skär kycklingen i fina strimlor. Blanda tillräckligt med vatten i senapen för att göra en slät pasta och lägg till kycklingen. Rosta sesamfröna i en torr panna tills de fått lite färg, lägg dem sedan i kycklingen och strö över salt och socker. Tillsätt hälften av persiljan och vårlöken och blanda väl. Lägg upp sallad på ett serveringsfat, toppa med kycklingblandning och garnera med resterande persilja.

Serverar 4

1 stor vattenmelon, halverad och kärnad

450g/1lb konserverade litchi, avrunnen

5 cm/2 cm ingefära stjälk, skivad

några myntablad

Fyll melonhalvorna med litchi och ingefära, dekorera med myntablad. Kyl innan servering.

Serverar 4

8 kycklingvingar

2 vårlökar (salladslökar), hackade

75 ml/5 matskedar sojasås

120 ml/4 fl oz/¬Ω kopp vatten

30 ml/2 matskedar farinsocker

Putsa och kassera de beniga spetsarna på kycklingvingarna och skär dem på mitten. Lägg i en kastrull tillsammans med övriga ingredienser, låt koka upp, täck och låt sjuda i 30 minuter. Ta av locket och fortsätt att sjuda i ytterligare 15 minuter, tråckla ofta. Låt svalna och svalna sedan innan servering.

Krabbkött Med Gurkan

Serverar 4

100 g krabbkött, flingat

2 gurkor, skalade och hackade

1 skiva ingefära, hackad

15 ml/1 matsked sojasås

30 ml/2 matskedar vinäger

5ml/1 tsk socker

några droppar sesamolja

Lägg krabbaköttet och gurkan i en skål. Blanda ihop resterande ingredienser, häll över krabbköttsblandningen och blanda väl. Täck över och kyl i 30 minuter innan servering.

marinerad svamp

Serverar 4

225 g champinjoner

30 ml/2 matskedar sojasås

15 ml/1 msk risvin eller torr sherry

nypa salt

några droppar tabasco

några droppar sesamolja

Blanchera svampen i kokande vatten i 2 minuter, låt rinna av och torka dem. Lägg i en skål och häll över övriga ingredienser.
Blanda väl och låt svalna innan servering.

Marinerad vitlökssvamp

Serverar 4

225 g champinjoner

3 vitlöksklyftor, krossade

30 ml/2 matskedar sojasås

30 ml/2 matskedar risvin eller torr sherry

15 ml/1 matsked sesamolja

nypa salt

Lägg svampen och vitlöken i ett durkslag, häll kokande vatten över dem och låt stå i 3 minuter. Häll av och torka väl. Blanda övriga ingredienser, häll marinaden över svampen och låt marinera i 1 timme.

Serverar 4

225 g blomkålsbuketter

100 g skalade räkor

15 ml/1 matsked sojasås

5 ml/1 tsk sesamolja

Koka blomkålen separat i ca 5 minuter tills den är mör men fortfarande krispig. Blanda med räkorna, strö över sojasås och sesamolja och fräs ihop. Kyl innan servering.

Serverar 4

225 g skinka, skuren i strimlor

10 ml/2 tsk sojasås

2,5 ml/¬Ω tesked sesamolja

Lägg upp skinkan på ett serveringsfat. Blanda soja och sesamolja, strö över skinkan och servera.

Kall tofu

Serverar 4

450 g tofu, skivad

45 ml/3 matskedar sojasås

45 ml/3 matskedar jordnötsolja (jordnötter).

nymalen peppar

Lägg tofun, några skivor åt gången, i ett durkslag och sänk ner den i kokande vatten i 40 sekunder, låt den rinna av och placera den på ett serveringsfat. Låt svalna. Blanda samman sojasås och olja, strö över tofun och servera överströdd med peppar.

Kyckling Med Bacon

Serverar 4

225 g kyckling, mycket tunt skivad

75 ml/5 matskedar sojasås

15 ml/1 msk risvin eller torr sherry

1 vitlöksklyfta, krossad

15 ml/1 matsked farinsocker

5 ml/1 tsk salt

5 ml/1 tsk hackad ingefärarot

225 g magert bacon, skuren i tärningar

100 g vattenkastanjer, skivade mycket tunt

30 ml/2 matskedar honung

Lägg kycklingen i en skål. Blanda 45ml/3 matskedar sojasås med vinet eller sherryn, vitlöken, socker, salt och ingefära, häll över kycklingen och marinera i ca 3 timmar. Trä upp kycklingen, baconet och kastanjerna på kebabspetten. Blanda resten av sojan med honung och pensla spetten. Grilla (grill) under en het grill i cirka 10 minuter tills de är genomstekta, vänd ofta och pensla med extra glasyr när de tillagas.

Pommes frites med kyckling och banan

Serverar 4

2 kokta kycklingbröst

2 fasta bananer

6 skivor bröd

4 ägg

120 ml/4 fl oz/¬Ω kopp mjölk

50 g/2 oz/¬Ω kopp vanligt (all-purpose) mjöl.

225 g/8 oz/4 koppar färskt brödsmulor

stek olja

Skär kycklingen i 24 bitar. Skala bananerna och skär dem i fjärdedelar på längden. Skär varje fjärdedel i tredjedelar för att göra 24 bitar. Putsa skalet på brödet och skär det i fjärdedelar. Vispa upp ägg och mjölk och pensla på ena sidan av brödet. Lägg en bit kyckling och en bit banan på den äggklädda sidan av varje brödbit. Mjöla rutorna lätt, doppa dem sedan i ägg och täck dem med ströbröd. Doppa igen i ägget och ströbrödet. Hetta upp oljan och stek några rutor åt gången tills de är gyllenbruna. Låt rinna av på hushållspapper innan servering.

Kyckling med ingefära och svamp

Serverar 4

225 g kycklingbröstfiléer

5 ml/1 tesked pulver med fem kryddor

15 ml/1 msk mjöl (alltså).

120 ml/4 fl oz/¬Ω kopp jordnötsolja (jordnöt).

4 schalottenlök, halverade

1 vitlöksklyfta, skivad

1 skiva ingefära, hackad

25 g/1 oz/¬° kopp cashewnötter

5 ml/1 tsk honung

15 ml/1 matsked rismjöl

75 ml/5 matskedar risvin eller torr sherry

100 g svamp, skuren i fjärdedelar

2,5 ml/¬Ω tesked gurkmeja

6 gula chili, halverad

5 ml/1 tsk sojasås

¬Ω limejuice

salt och peppar

4 krispiga salladsblad

Skär kycklingbröstet diagonalt över kornet i tunna strimlor. Strö över femkryddspulver och strö lätt i mjöl. Hetta upp 15 ml/1 msk olja och stek kycklingen tills den är gyllenbrun. Ta bort från pannan. Hetta upp lite mer olja och fräs schalottenlök, vitlök, ingefära och cashewnötter i 1 minut. Tillsätt honung och rör om tills grönsakerna är täckta. Strö i mjöl och tillsätt sedan vin eller sherry. Tillsätt svamp, gurkmeja och chili och koka i 1 minut. Tillsätt kycklingen, sojasåsen, hälften av limesaften, salt och peppar och värm igenom. Ta bort från pannan och håll varmt. Hetta upp lite mer olja, tillsätt salladsbladen och fräs snabbt, smaka av med salt och peppar samt resterande limesaft. Lägg upp salladsbladen på en varm serveringsfat, arrangera kött och grönsaker ovanpå och servera.

Serverar 4

225 g kyckling, mycket tunt skivad

75 ml/5 matskedar sojasås

15 ml/1 msk risvin eller torr sherry

15 ml/1 matsked farinsocker

5 ml/1 tsk hackad ingefärarot

1 vitlöksklyfta, krossad

225 g kokt skinka, tärnad

30 ml/2 matskedar honung

Lägg kycklingen i en skål med 45 ml/3 matskedar soja, vin eller sherry, socker, ingefära och vitlök. Låt marinera i 3 timmar. Trä upp kycklingen och skinkan på kebabspetten. Blanda resten av sojan med honung och pensla spetten. Grilla (grill) under en het grill i ca 10 minuter, vänd ofta och pensla med glasyr medan de tillagas.

Grillad kycklinglever

Serverar 4

450 g kycklinglever

45 ml/3 matskedar sojasås

15 ml/1 msk risvin eller torr sherry

15 ml/1 matsked farinsocker

5 ml/1 tsk salt

5 ml/1 tsk hackad ingefärarot

1 vitlöksklyfta, krossad

Blanchera kycklinglevrarna i kokande vatten i 2 minuter och låt rinna av väl. Lägg i en skål med alla övriga ingredienser utom oljan och marinera i ca 3 timmar. Trä upp kycklinglevrarna på kebabspetten och grilla (grill) under varm grill i ca 8 minuter tills de är gyllenbruna.

Krabbbollar med vattenkastanjer

Serverar 4

450 g krabbkött, hackat

100 g vattenkastanjer, hackade

1 vitlöksklyfta, krossad

1 cm/¬Ω skivad ingefära rot, hackad

45 ml/3 matskedar majsmjöl (majsstärkelse)

30 ml/2 matskedar sojasås

15 ml/1 msk risvin eller torr sherry

5 ml/1 tsk salt

5ml/1 tsk socker

3 ägg, vispade

stek olja

Blanda alla ingredienser utom oljan och forma bollar. Hetta upp oljan och stek krabbabollarna tills de är gyllenbruna. Låt rinna av väl före servering.

Dim sum

Serverar 4

100 g skalade räkor, hackade

225 g magert fläsk, finhackat

50 g bok choy, finhackad

3 ramslökar (salladslökar), hackade

1 ägg, uppvispat

30 ml/2 matskedar majsmjöl (majsstärkelse)

10 ml/2 tsk sojasås

5 ml/1 tsk sesamolja

5 ml/1 tsk ostronsås

24 wonton skinn

stek olja

Blanda ihop räkor, fläsk, kål och vårlök. Blanda ägget,
majsstärkelsen, sojasåsen, sesamoljan och ostronsåsen. Placera
matskedar av blandningen i mitten av varje wontonskinn. Linda
försiktigt omslagen runt fyllningen, stoppa in kanterna men
lämna topparna öppna. Hetta upp oljan och stek dim summen
några åt gången tills den är gyllenbrun. Låt rinna av väl och
servera varm.

Serverar 4

2 kycklingbröst

1 vitlöksklyfta, krossad

2,5 ml/¬Ω tesked salt

2,5 ml/¬Ω tesked pulver med fem kryddor

4 skivor kokt skinka

1 ägg, uppvispat

30 ml/2 matskedar mjölk

25 g/1 oz/¬° kopp vanligt (all-purpose) mjöl.

4 äggrulleskinn

stek olja

Skär kycklingbrösten på mitten. Vispa dem tills de är väldigt tunna. Blanda vitlök, salt och femkryddspulver och strö över kycklingen. Lägg en skiva skinka ovanpå varje kycklingbit och rulla ihop den väl. Blanda ägget och mjölken. Mjöla lätt kycklingbitarna och doppa dem sedan i äggblandningen. Lägg varje bit på skinnet på en äggrulle och pensla kanterna med uppvispat ägg. Vik in sidorna och rulla sedan ihop, nyp ihop kanterna för att täta. Hetta upp oljan och stek rullarna i ca 5 minuter tills de är gyllenbruna brun och kokt. Låt rinna av på hushållspapper och skär sedan i tjocka diagonala skivor för servering.

Serverar 4

350 g/12 oz/3 koppar mjöl (all-purpose).

175 g/6 oz/¬æ kopp smör

120 ml/4 fl oz/¬Ω kopp vatten

225 g skinka, hackad

100 g bambuskott, hackade

2 vårlökar (salladslökar), hackade

15 ml/1 matsked sojasås

30 ml/2 matskedar sesamfrön

Häll mjölet i en skål och tillsätt smöret. Blanda i vattnet till en deg. Kavla ut degen och skär den i 5 cm/2 cm cirklar. Blanda alla övriga ingredienser utom sesamfröna och lägg en sked på varje cirkel. Pensla kanterna på smördegen med vatten och täta ihop. Pensla utsidan med vatten och strö över sesamfrön. Grädda i en förvärmd ugn vid 180¬∞C/350¬∞F/gasmark 4 i 30 minuter.

Pseudo rökt fisk

Serverar 4

1 havsabborre

3 skivor ingefära, skivad

1 vitlöksklyfta, krossad

1 vårlök (salladslök), tjockt skivad

75 ml/5 matskedar sojasås

30 ml/2 matskedar risvin eller torr sherry

2,5 ml/¬Ω tesked mald anis

2,5 ml/¬Ω tesked sesamolja

10ml/2 tsk socker

120 ml/4 fl oz/¬Ω kopp buljong

stek olja

5 ml/1 tsk majsmjöl (majsstärkelse)

Rengör fisken och skär den i 5 mm (¬° tum) skivor. Blanda ihop ingefära, vitlök, vårlök, 60 ml/4 msk sojasås, sherry, anis och sesamolja. Häll över fisken och krydda försiktigt. Låt vila i 2 timmar, rör om då och då.

Häll av marinaden i en kastrull och klappa fisken på hushållspapper. Tillsätt socker, buljong och resterande sojasås marinera, låt koka upp och låt sjuda i 1 minut. Om såsen behöver tjockna, blanda majsstärkelsen med lite kallt vatten, rör ner i såsen och låt sjuda under omrörning tills såsen tjocknar.

Värm under tiden oljan och stek fisken gyllenbrun. Dränera väl. Doppa fiskbitarna i marinaden och lägg dem sedan på en varm serveringsfat. Servera varm eller kall.

Serverar 4

12 stora torkade svampmössor

225 g krabbkött

3 vattenkastanjer, hackade

2 ramslökar (salladslökar), fint hackade

1 äggvita

15 ml/1 matsked majsmjöl (majsstärkelse)

15 ml/1 matsked sojasås

15 ml/1 msk risvin eller torr sherry

Blötlägg svampen i varmt vatten över natten. Krama torr. Blanda de övriga ingredienserna och använd för att stoppa i svamplocken. Lägg på ett ånggaller och ånga i 40 minuter. Servera varm.

Serverar 4

10 torkade kinesiska svampar

250 ml/8 fl oz/1 kopp nötköttsbuljong

15 ml/1 matsked majsmjöl (majsstärkelse)

30 ml/2 matskedar ostronsås

5 ml/1 tsk risvin eller torr sherry

Blötlägg svamp i varmt vatten i 30 minuter, låt sedan rinna av, spara 250 ml/8 fl oz/1 kopp blötläggningsvätska. Kassera stjälkarna. Blanda 60 ml/4 msk nötbuljong med majsstärkelsen tills en pasta bildas. Koka upp den återstående nötbuljongen med svampen och svampvätskan, täck över och låt sjuda i 20 minuter. Ta bort svampen från vätskan med en hålslev och lägg dem på ett varmt serveringsfat. Tillsätt ostronsås och sherry i pannan och låt sjuda under omrörning i 2 minuter. Tillsätt majsmjölspasta och låt sjuda under omrörning tills såsen tjocknar. Häll över svampen och servera genast.

Serverar 4

4 torkade kinesiska svampar

15 ml/1 matsked jordnötsolja (jordnötter).

225 g magert fläsk, hackat

100 g bambuskott, hackade

100 g vattenkastanjer, hackade

4 vårlökar (salladslökar), hackade

175 g krabbkött, flingat

30 ml/2 matskedar risvin eller torr sherry

15 ml/1 matsked sojasås

10 ml/2 tsk ostronsås

10 ml/2 tsk sesamolja

9 kinesiska blad

Blötlägg svampen i varmt vatten i 30 minuter, låt sedan rinna av. Ta bort stjälkarna och hacka locken. Hetta upp oljan och stek fläsket i 5 minuter. Tillsätt svampen, bambuskotten, vattenkastanjerna, vårlöken och krabbköttet och fräs i 2 minuter. Blanda vin eller sherry, soja, ostronsås och sesamolja och rör ner i pannan. Avlägsna från värme. Blanchera under tiden de kinesiska bladen i kokande vatten i 1 minut dränera. Lägg en sked fläskblandning i mitten av varje blad, vik in sidorna och rulla ihop till servering.

Serverar 4

450 g fläskfärs (färs).

50 g svamp, finhackad

50 g vattenkastanjer, finhackade

1 vitlöksklyfta, krossad

1 ägg, uppvispat

30 ml/2 matskedar sojasås

15 ml/1 msk risvin eller torr sherry

5 ml/1 tsk hackad ingefärarot

5ml/1 tsk socker

salt

30 ml/2 matskedar majsmjöl (majsstärkelse)

stek olja

Blanda alla ingredienser utom majsstärkelsen och forma bollar med blandningen. Rulla i majsstärkelsen. Hetta upp oljan och stek köttbullarna i ca 10 minuter tills de är gyllenbruna. Låt rinna av väl före servering.

Fläsk dumplings

Serverar 4‚Äì6

450g/1lb mjöl (all-purpose).

500 ml/17 fl oz/2 koppar vatten

450g kokt fläsk, hackat

225 g skalade räkor, hackade

4 st selleristänger, hackade

15 ml/1 matsked sojasås

15 ml/1 msk risvin eller torr sherry

15 ml/1 matsked sesamolja

5 ml/1 tsk salt

2 ramslökar (salladslökar), fint hackade

2 vitlöksklyftor, krossade

1 skiva ingefära, hackad

Blanda mjöl och vatten tills du får en mjuk deg och knåda väl. Täck över och låt vila i 10 minuter. Kavla ut degen så tunt som möjligt och skär den i 5 cm cirklar. Blanda ihop alla övriga ingredienser. Lägg en sked blandning på varje cirkel, fukta kanterna och stäng till en halvcirkel. Koka upp en kastrull med vatten och sänk sedan försiktigt ner gnocchin i vattnet.

Fläsk- och kalvköttbullar

Serverar 4

100 g fläskfärs (färs).

100 g malet kalvkött.

1 skiva strimmig bacon, hackad (malen)

15 ml/1 matsked sojasås

salt och peppar

1 ägg, uppvispat

30 ml/2 matskedar majsmjöl (majsstärkelse)

stek olja

Blanda köttfärs och bacon och smaka av med salt och peppar.
Blanda med ägget, forma bollar i storleken av en valnöt och strö
över majsmjöl. Hetta upp oljan och stek tills den är gyllenbrun.
Låt rinna av väl före servering.

Fjärilsräkor

Serverar 4

450 g stora skalade räkor

15 ml/1 matsked sojasås

5 ml/1 tsk risvin eller torr sherry

5 ml/1 tsk hackad ingefärarot

2,5 ml/¬Ω tesked salt

2 ägg, vispade

30 ml/2 matskedar majsmjöl (majsstärkelse)

15 ml/1 msk mjöl (alltså).

stek olja

Skär räkorna i halva baksidan och lägg ut dem i en fjärilsform.
Blanda ihop soja, vin eller sherry, ingefära och salt. Häll över
räkorna och låt marinera i 30 minuter. Ta bort från marinaden
och klappa torrt. Vispa ägget med maizena och mjöl tills du får
en smet och doppa räkorna i smeten. Hetta upp oljan och stek
räkorna tills de är gyllenbruna. Låt rinna av väl före servering.

Serverar 4

450 g oskalade räkor

30 ml/2 msk Worcestershiresås

15 ml/1 matsked sojasås

15 ml/1 msk risvin eller torr sherry

15 ml/1 matsked farinsocker

Lägg räkorna i en skål. Blanda övriga ingredienser, häll över räkorna och låt marinera i 30 minuter. Överför till en bakplåt och grädda i en förvärmd ugn vid 150°C/300°F/gasmark 2 i 25 minuter. Servera varm eller kall med skalen så att gästerna kan skala sina egna.

Dragon moln

Serverar 4

100 g räkkex

stek olja

Värm oljan tills den är väldigt varm. Tillsätt en näve räkkex i taget och stek i några sekunder tills de är uppblåsta. Ta bort från oljan och låt rinna av på hushållspapper medan du fortsätter att steka kexen.

Krispiga räkor

Serverar 4

450 g skalade tigerräkor

15 ml/1 msk risvin eller torr sherry

10 ml/2 tsk sojasås

5 ml/1 tesked pulver med fem kryddor

salt och peppar

90 ml/6 matskedar majsmjöl (majsstärkelse)

2 ägg, vispade

100 g ströbröd

jordnötsolja för stekning

Blanda räkorna med vinet eller sherryn, sojasåsen och femkryddspulvret och smaka av med salt och peppar. Doppa dem i majsmjöl och doppa dem sedan i uppvispat ägg och ströbröd. Stek i kokande olja i några minuter tills de är gyllenbruna, låt rinna av och servera omedelbart.

Räkor Med Ingefära Sås

Serverar 4

15 ml/1 matsked sojasås

5 ml/1 tsk risvin eller torr sherry

5 ml/1 tsk sesamolja

450 g skalade räkor

30 ml/2 matskedar hackad färsk persilja

15 ml/1 matsked vinäger

5 ml/1 tsk hackad ingefärarot

Blanda ihop sojasås, vin eller sherry och sesamolja. Häll över räkorna, täck över och låt marinera i 30 minuter. Grilla räkorna i några minuter tills de precis är genomstekta, tråkla dem med marinaden. Blanda under tiden ihop persilja, vinäger och ingefära för att servera till räkorna.

Serverar 4

50 g äggpasta, skuren i bitar

15 ml/1 matsked jordnötsolja (jordnötter).

50 g magert fläsk, fint hackat

100 g svamp, hackad

3 ramslökar (salladslökar), hackade

100 g skalade räkor, hackade

15 ml/1 msk risvin eller torr sherry

salt och peppar

24 wonton skinn

1 ägg, uppvispat

stek olja

Koka tagliatellen i kokande vatten i 5 minuter, låt rinna av och hacka dem. Hetta upp oljan och stek fläsket i 4 minuter. Tillsätt svampen och löken och fräs i 2 minuter och ta sedan av från värmen. Tillsätt räkorna, vin eller sherry och tagliatelle och smaka av med salt och peppar. Placera matskedar av blandningen i mitten av varje wontonskinn och pensla kanterna med det uppvispade ägget. Vik kanterna och rulla sedan ihop omslagen, försegla kanterna mot varandra. Hetta upp oljan och stek rullarna några åt gången i ca 5 minuter tills de är gyllenbruna. Låt rinna av på hushållspapper innan servering.

räkor rostat bröd

Serverar 4

2 ägg 450g skalade räkor, hackade

15 ml/1 matsked majsmjöl (majsstärkelse)

1 lök, finhackad

30 ml/2 matskedar sojasås

15 ml/1 msk risvin eller torr sherry

5 ml/1 tsk salt

5 ml/1 tsk hackad ingefärarot

8 skivor bröd, skurna i trianglar

stek olja

Blanda 1 ägg med alla övriga ingredienser utom brödet och oljan. Häll blandningen på brödtrianglarna och tryck till en kupol. Pensla med resterande ägg. Hetta upp ca 5 cm olja och stek brödtrianglarna gyllenbruna. Låt rinna av väl före servering.

Fläsk och räkor wontons med sötsur sås

Serverar 4

120 ml/4 fl oz/¬Ω kopp vatten

60 ml/4 matskedar vinäger

60 ml/4 matskedar farinsocker

30 ml/2 matskedar tomatpuré√©e (pasta)

10 ml/2 tsk majsmjöl (majsstärkelse)

25 g svamp, hackad

25 g skalade räkor, hackade

50 g magert fläsk, hackat

2 vårlökar (salladslökar), hackade

5 ml/1 tsk sojasås

2,5 ml/¬Ω tesked riven ingefärarot

1 vitlöksklyfta, krossad

24 wonton skinn

stek olja

Blanda vatten, vinäger, socker, tomatpuré och majsstärkelse i en kastrull. Koka upp under konstant omrörning och låt sjuda i 1 minut. Ta bort från värmen och håll varmt.

Rör ner svamp, räkor, fläsk, vårlök, soja, ingefära och vitlök.

Lägg en sked fyllning på varje skal, pensla kanterna med vatten

och tryck ihop för att täta. Hetta upp oljan och stek wontons

några åt gången tills de är gyllenbruna. Låt rinna av på

hushållspapper och servera varm med sötsur sås.

Ger 2 liter/3½ poäng/8½ koppar

1,5 kg kokta eller råa kycklingben

450 g fläskben

1 cm/½ tum ingefära rotbitar

3 vårlökar (salladslökar), skivade

1 vitlöksklyfta, krossad

5 ml/1 tsk salt

2,25 liter/4 pt/10 koppar vatten

Koka upp alla ingredienser, täck över och låt sjuda i 15 minuter. Eliminera fett. Täck över och låt sjuda i 1 1/2 timme. Filtrera, kyl och skumma. Frys in i små mängder eller förvara i kylen och konsumera inom 2 dagar.

Böngroddar och fläsksoppa

Serverar 4

450 g tärnad fläsk

1,5 L/2½ pkt/6 dl kycklingfond

5 skivor ingefärarot

350 g sojagroddar

15 ml/1 matsked salt

Blanchera fläsket i kokande vatten i 10 minuter och låt sedan
rinna av. Koka upp buljongen och tillsätt fläsk och ingefära. Täck
och låt sjuda i 50 minuter. Tillsätt böngroddar och salt och låt
sjuda i 20 minuter.

Abalone och svampsoppa

Serverar 4

60 ml/4 matskedar jordnötsolja (jordnötter).

100g magert fläsk, skuren i strimlor

225 g konserverad abalone, skuren i strimlor

100 g svamp, skivad

2 stjälkar selleri, skivad

50 g skinka, skuren i strimlor

2 lökar, skivade

1,5 L/2½ pt/6 koppar vatten

30 ml/2 matskedar vinäger

45 ml/3 matskedar sojasås

2 skivor ingefära, hackad

salt och nymalen peppar

15 ml/1 matsked majsmjöl (majsstärkelse)

45 ml/3 matskedar vatten

Hetta upp oljan och fräs fläsk, abalone, champinjoner, selleri, skinka och lök i 8 minuter. Tillsätt vattnet och vinägern, låt koka upp, täck över och låt sjuda i 20 minuter. Tillsätt sojasås, ingefära, salt och peppar. Blanda majsstärkelsen till en pasta med

vatten, häll i soppan och låt sjuda under omrörning i 5 minuter
tills soppan har blivit ljusare och tjocknat.

Serverar 4

100 g kyckling, hackad

2 äggvitor

2,5 ml/½ tesked salt

30 ml/2 matskedar majsmjöl (majsstärkelse)

225 g sparris, skuren i 5 cm bitar

100 g sojagroddar

1,5 L/2½ pkt/6 dl kycklingfond

100 g champinjoner

Blanda kycklingen med äggvitan, salt och maizena och låt vila i 30 minuter. Koka kycklingen i kokande vatten i cirka 10 minuter tills den är genomstekt, låt den rinna av ordentligt. Blanchera sparrisen i kokande vatten i 2 minuter och låt den rinna av. Blanchera böngroddarna i kokande vatten i 3 minuter och låt dem rinna av. Häll buljongen i en stor panna och tillsätt kyckling, sparris, svamp och böngroddar. Koka upp och smaka av med salt. Sjud i några minuter så att smakerna utvecklas och tills grönsakerna är mjuka men fortfarande krispiga.

Köttsoppa

Serverar 4

225 g/8 oz nötfärs (malen).

15 ml/1 matsked sojasås

15 ml/1 msk risvin eller torr sherry

15 ml/1 matsked majsmjöl (majsstärkelse)

1,2 L/2 pt/5 dl kycklingbuljong

5 ml/1 tsk chilibönsås

salt och peppar

2 ägg, vispade

6 vårlökar (salladslökar), hackade

Blanda köttet med soja, vin eller sherry och majsstärkelse.
Tillsätt buljongen och låt gradvis koka upp under omrörning.
Tillsätt chilibönsåsen och smaka av med salt och peppar, täck
över och låt sjuda i cirka 10 minuter, rör om då och då. Rör ner
äggen och servera beströdd med vårlök.

Serverar 4

200 g magert nötkött, skuret i strimlor

15 ml/1 matsked sojasås

15 ml/1 matsked jordnötsolja (jordnötter).

1,5 L/2½ pt/6 dl nötbuljong

5 ml/1 tsk salt

2,5 ml/½ tesked socker

½ huvud av kinesiska blad skurna i bitar

Blanda köttet med sojasåsen och oljan och låt marinera i 30 minuter, rör om då och då. Koka upp buljongen med salt och socker, tillsätt kinabladen och låt koka på låg värme i cirka 10 minuter tills den nästan är kokt. Tillsätt köttet och låt sjuda i ytterligare 5 minuter.

Kålsoppa

Serverar 4

60 ml/4 matskedar jordnötsolja (jordnötter).

2 lökar, hackade

100g magert fläsk, skuren i strimlor

225 g bok choy, riven

10ml/2 tsk socker

1,2 L/2 pt/5 dl kycklingbuljong

45 ml/3 matskedar sojasås

salt och peppar

15 ml/1 matsked majsmjöl (majsstärkelse)

Hetta upp oljan och fräs lök och fläsk tills de är gyllenbruna. Tillsätt kål och socker och fräs i 5 minuter. Tillsätt buljong och soja och smaka av med salt och peppar. Koka upp, täck och låt sjuda i 20 minuter. Blanda majsstärkelsen med lite vatten, tillsätt den i soppan och låt sjuda under omrörning tills soppan tjocknar och är klar.

Kryddig nötköttssoppa

Serverar 4

45 ml/3 matskedar jordnötsolja (jordnötter).

1 vitlöksklyfta, krossad

5 ml/1 tsk salt

225 g/8 oz nötfärs (malen).

6 stycken vårlökar (salladslökar), skurna i strimlor

1 röd paprika, skuren i strimlor

1 grön paprika, skuren i strimlor

225 g kål, hackad

1 L/1¾ pt/4¼ koppar nötbuljong

30 ml/2 matskedar plommonsås

30 ml/2 matskedar hoisinsås

45 ml/3 matskedar sojasås

2 bitar ingefära, hackad

2 ägg

5 ml/1 tsk sesamolja

225g klara nudlar, blötlagda

Hetta upp oljan och fräs vitlök och salt gyllenbrun. Lägg i köttet och bryn snabbt. Tillsätt grönsakerna och fräs tills de blir genomskinliga. Tillsätt buljong, plommonsås, hoisinsås, 30 ml/2 en sked sojasås och ingefära, låt koka upp och låt sjuda i 10 minuter. Vispa äggen med sesamoljan och resten av sojasåsen. Lägg till soppan med nudlar och koka under omrörning tills ägg bildar strängar och nudlar är mjuka.

Serverar 4

2 vårlökar (salladslökar), hackade

1 vitlöksklyfta, krossad

30 ml/2 matskedar hackad färsk persilja

5 ml/1 tsk salt

15 ml/1 matsked jordnötsolja (jordnötter).

30 ml/2 matskedar sojasås

1,5 L/2½ pt/6 koppar vatten

Blanda ihop vårlök, vitlök, persilja, salt, olja och soja. Koka upp vattnet, häll vårlöksblandningen över och låt vila i 3 minuter.

Serverar 4

2 kycklinglår

30 ml/2 matskedar jordnötsolja (jordnötter).

5 ml/1 tsk risvin eller torr sherry

1,5 L/2½ pkt/6 dl kycklingfond

3 vårlökar, skivade

100 g bambuskott, skurna i bitar

5 ml/1 tsk hackad ingefärarot

salt

Urbena kycklingen och skär köttet i bitar. Hetta upp olja och stek kycklingen tills den är tät på alla sidor. Tillsätt fond, vårlök, bambuskott och ingefära, låt koka upp och låt sjuda i cirka 20 minuter tills kycklingen är mör. Smaka av med salt innan servering.

Kyckling och majssoppa

Serverar 4

1 L/1¾ pt/4¼ koppar kycklingbuljong

100 g kyckling, hackad

200 g sockermajsgrädde

skiva skinkan, hackad

uppvispade ägg

15 ml/1 msk risvin eller torr sherry

Koka upp buljongen och kycklingen, täck över och låt sjuda i 15 minuter. Tillsätt majs och skinka, täck över och låt sjuda i 5 minuter. Tillsätt äggen och sherryn, rör långsamt med en ätpinne så att äggen formas till bitar. Ta av från värmen, täck och låt vila i 3 minuter innan servering.

Serverar 4

4 torkade kinesiska svampar

1,5 L/2½ pt/6 dl vatten eller kycklingbuljong

225 g kycklingkött, skuren i tärningar

10 skivor ingefärarot

5 ml/1 tsk risvin eller torr sherry

salt

Blötlägg svampen i varmt vatten i 30 minuter, låt sedan rinna av. Kassera stjälkarna. Koka upp vattnet eller buljongen med övriga ingredienser och låt puttra i cirka 20 minuter tills kycklingen är genomstekt.

Serverar 4

25 g torkad kinesisk svamp

100 g kyckling, hackad

50 g bambuskott, rivna

30 ml/2 matskedar sojasås

30 ml/2 matskedar risvin eller torr sherry

1,2 L/2 pt/5 dl kycklingbuljong

Blötlägg svampen i varmt vatten i 30 minuter, låt sedan rinna av. Ta bort stjälkarna och skiva locken. Blanchera svamp, kyckling och bambuskott i kokande vatten i 30 sekunder och låt rinna av. Lägg dem i en skål och tillsätt sojasås och vin eller sherry. Låt marinera i 1 timme. Koka upp buljongen, tillsätt kycklingblandningen och marinaden. Blanda väl och låt puttra i några minuter tills kycklingen är genomstekt.

Serverar 4

1 L/1¾ pt/4¼ koppar kycklingbuljong

225 g/8 oz/1 kopp kokt långkornigt ris

100g kokt kyckling, skuren i strimlor

1 lök, skuren i klyftor

5 ml/1 tsk sojasås

Värm alla ingredienser tillsammans tills de är heta utan att låta soppan koka.

Serverar 4

350 g kycklingbröst

salt

10 ml/2 tsk majsmjöl (majsstärkelse)

30 ml/2 matskedar jordnötsolja (jordnötter).

1 grön chili, hackad

1 L/1¾ pt/4¼ koppar kokosmjölk

5 ml/1 tsk rivet citronskal

12 litchi

en nypa riven muskotnöt

salt och nymalen peppar

2 citronmelissblad

Skär kycklingbröstet diagonalt över kornet i strimlor. Strö över salt och täck med majsstärkelse. Värm 10 ml/2 teskedar olja i en wok, rör om och häll. Upprepa en gång till. Hetta upp resterande olja och stek kycklingen och chilin i 1 minut. Tillsätt kokosmjölken och låt koka upp. Tillsätt citronskalet och låt sjuda i 5 minuter. Tillsätt litchi, krydda med muskotnöt, salt och peppar och servera garnerad med citronmeliss.

Mussla soppa

Serverar 4

2 torkade kinesiska svampar

12 musslor, blötlagda och skurade

1,5 L/2½ pkt/6 dl kycklingfond

50 g bambuskott, rivna

50 g mangetout (ärtor), halverade

2 vårlökar (salladslökar), skurna i ringar

15 ml/1 msk risvin eller torr sherry

en nypa nymalen peppar

Blötlägg svampen i varmt vatten i 30 minuter, låt sedan rinna av. Ta bort stjälkarna och skär kapslarna på mitten. Ånga musslorna i cirka 5 minuter tills de öppnar sig; kassera de som förblir stängda. Ta bort musslorna från deras skal. Koka upp buljongen och tillsätt svamp, bambuskott, snöärter och vårlök. Koka utan lock i 2 minuter. Tillsätt musslor, vin eller sherry och peppar och låt sjuda tills de är genomvärmda.

Äggsoppa

Serverar 4

1,2 L/2 pt/5 dl kycklingbuljong

3 ägg, vispade

45 ml/3 matskedar sojasås

salt och nymalen peppar

4 vårlökar (salladslökar), skivade

Koka upp buljongen. Vispa gradvis i de uppvispade äggen så att de separeras i trådar. Tillsätt sojasåsen och smaka av med salt och peppar. Servera garnerad med vårlök.

Krabba och pilgrimsmussla soppa

Serverar 4

4 torkade kinesiska svampar

15 ml/1 matsked jordnötsolja (jordnötter).

1 ägg, uppvispat

1,5 L/2½ pkt/6 dl kycklingfond

175 g krabbkött, flingat

100 g skalade pilgrimsmusslor, skivade

100 g bambuskott, skivade

2 vårlökar (salladslökar), hackade

1 skiva ingefära, hackad

några kokta och skalade räkor (valfritt)

45 ml/3 matskedar majsmjöl (majsstärkelse)

90 ml/6 matskedar vatten

30 ml/2 matskedar risvin eller torr sherry

20 ml/4 tsk sojasås

2 äggvitor

Blötlägg svampen i varmt vatten i 30 minuter, låt sedan rinna av.

Ta bort stjälkarna och skär kapsylerna tunt. Hetta upp oljan,

tillsätt ägget och luta pannan så att ägget täcker botten. Koka tills

sikta och vänd sedan och tillaga på andra sidan. Ta ur pannan,
rulla ihop och skär i tunna strimlor.

Koka upp buljongen, tillsätt svamp, äggremsor, krabbakött,
pilgrimsmusslor, bambuskott, vårlök, ingefära och räkor, om du
använder det. Koka upp igen. Blanda majsstärkelsen med 60 ml/4
matskedar vatten, vin eller sherry-sojasås och rör ner i soppan.
Sjud under omrörning tills soppan tjocknar. Vispa äggvitorna
med det återstående vattnet och häll långsamt blandningen i
soppan under kraftig omrörning.

Krabbasoppa

Serverar 4

90 ml/6 matskedar jordnötsolja (jordnötter).

3 lökar, hackade

225 g vitt och brunt krabbkött

1 skiva ingefära, hackad

1,2 L/2 pt/5 dl kycklingbuljong

150 ml/¼ pt/ kopp risvin eller torr sherry

45 ml/3 matskedar sojasås

salt och nymalen peppar

Hetta upp oljan och fräs löken tills den är mjuk men inte fått färg. Tillsätt krabbaköttet och ingefäran och fräs i 5 minuter. Tillsätt buljong, vin eller sherry och sojasås, smaka av med salt och peppar. Koka upp och låt puttra i 5 minuter.

Fisksoppa

Serverar 4

225 g fiskfiléer

1 skiva ingefära, hackad

15 ml/1 msk risvin eller torr sherry

30 ml/2 matskedar jordnötsolja (jordnötter).

1,5 l/2½ pt/6 dl fiskfond

Skär fisken i tunna strimlor mot säden. Blanda ingefära, vin eller
sherry och olja, tillsätt fisken och blanda försiktigt. Låt marinera
i 30 minuter, rör om då och då. Koka upp buljongen, tillsätt
fisken och låt puttra i 3 minuter.

Serverar 4

225 g vita fiskfiléer

30 ml/2 matskedar mjöl (all-purpose).

salt och nymalen peppar

90 ml/6 matskedar jordnötsolja (jordnötter).

6 vårlökar (salladslökar), skivade

100 g sallad, strimlad

1,2 L/2 pt/5 koppar vatten

10 ml/2 tsk finhackad ingefärarot

150 ml/¼ pt/mycket ½ kopp risvin eller torr sherry

30 ml/2 matskedar majsmjöl (majsstärkelse)

30 ml/2 matskedar hackad färsk persilja

10 ml/2 tsk citronsaft

30 ml/2 matskedar sojasås

Skär fisken i tunna strimlor och belägg den sedan i det kryddade
mjölet. Hetta upp oljan och fräs vårlöken tills den är mjuk.
Tillsätt salladen och fräs i 2 minuter. Tillsätt fisken och koka i 4
minuter. Tillsätt vatten, ingefära och vin eller sherry, låt koka
upp, täck och låt sjuda i 5 minuter. Blanda majsstärkelsen med

lite vatten och tillsätt den sedan i soppan. Sjud under omrörning i ytterligare 4 minuter tills soppan

lätta upp den och smaka av med salt och peppar. Servera beströdd med persilja, citronsaft och soja.

Ingefärssoppa med dumplings

Serverar 4

5 cm/2in bitar ingefära, riven

350 g farinsocker

1,5 L/2½ pt/7 koppar vatten

225 g/8 oz/2 koppar rismjöl

2,5 ml/½ tesked salt

60 ml/4 matskedar vatten

Häll ingefära, socker och vatten i en kastrull och låt koka upp under omrörning. Täck över och koka i cirka 20 minuter. Häll av soppan och lägg tillbaka den i pannan.

Under tiden, lägg mjöl och salt i en skål och blanda lite i taget med tillräckligt med vatten för att få en tjock deg. Forma bollar och häll ner gnocchin i soppan. Koka upp soppan igen, täck över och låt sjuda i ytterligare 6 minuter tills dumplingsna är kokta.

Het och sur soppa

Serverar 4

8 torkade kinesiska svampar

1 L/1¾ pt/4¼ koppar kycklingbuljong

100 g kyckling, skuren i strimlor

100 g bambuskott, skurna i strimlor

100 g tofu, skuren i strimlor

15 ml/1 matsked sojasås

30 ml/2 matskedar vinäger

30 ml/2 matskedar majsmjöl (majsstärkelse)

2 ägg, vispade

några droppar sesamolja

Blötlägg svampen i varmt vatten i 30 minuter, låt sedan rinna av. Ta bort stjälkarna och skär kapsylerna i strimlor. Koka upp svamp, buljong, kyckling, bambuskott och tofun, täck över och låt sjuda i 10 minuter. Blanda sojasås, vinäger och majsstärkelse tills den är slät, lägg i soppan och låt sjuda i 2 minuter tills soppan är genomskinlig. Tillsätt långsamt äggen och sesamoljan, blanda med en ätpinne. Täck över och låt vila i 2 minuter innan servering.

Serverar 4

15 torkade kinesiska svampar

1,5 L/2½ pkt/6 dl kycklingfond

5 ml/1 tsk salt

Blötlägg svampen i varmt vatten i 30 minuter och låt sedan rinna av, spara vätskan. Ta bort stjälkarna och skär kapsylerna på mitten om de är stora och lägg dem i en stor värmetålig skål. Ställ skålen på ett galler i en ångkokare. Koka upp buljongen, häll den över svampen och täck sedan över och ånga i 1 timme i kokande vatten. Smaka av med salt och servera.

Serverar 4

25 g torkad kinesisk svamp

15 ml/1 matsked jordnötsolja (jordnötter).

50 g/2 oz kinesiska blad, hackade

15 ml/1 msk risvin eller torr sherry

15 ml/1 matsked sojasås

1,2 L/2 poäng/5 dl kyckling- eller grönsaksbuljong

salt och nymalen peppar

5 ml/1 tsk sesamolja

Blötlägg svampen i varmt vatten i 30 minuter, låt sedan rinna av.
Ta bort stjälkarna och skiva locken. Hetta upp oljan och stek
svampen och kinabladen i 2 minuter tills de är väl täckta.
Avglasera med vinet eller sherryn och sojasåsen och tillsätt sedan
buljongen. Koka upp, smaka av med salt och peppar och låt sjuda
i 5 minuter. Strö över sesamolja före servering.

Svampäggsoppa

Serverar 4

1 L/1¾ pt/4¼ koppar kycklingbuljong

30 ml/2 matskedar majsmjöl (majsstärkelse)

100 g svamp, skivad

1 skiva lök, finhackad

nypa salt

3 droppar sesamolja

2,5 ml/½ tesked sojasås

1 ägg, uppvispat

Blanda lite buljong med majsstärkelsen och blanda sedan alla ingredienser utom ägget. Koka upp, täck och låt sjuda i 5 minuter. Tillsätt ägget, rör om med en ätpinne så att ägget bildar trådar. Ta av från värmen och låt vila i 2 minuter innan servering.

Svamp och kastanj soppa i vatten

Serverar 4

1 L/1¾ pt/4¼ koppar grönsaksbuljong eller vatten

2 lökar, fint hackade

5 ml/1 tsk risvin eller torr sherry

30 ml/2 matskedar sojasås

225 g champinjoner

100 g vattenkastanjer, skivade

100 g bambuskott, skivade

några droppar sesamolja

2 salladsblad, skurna i bitar

2 vårlökar (salladslökar), skurna i bitar

Koka upp vatten, lök, vin eller sherry-sojasås, täck över och låt sjuda i 10 minuter. Tillsätt svamp, vattenkastanjer och bambuskott, täck över och låt sjuda i 5 minuter. Tillsätt sesamolja, salladsblad och vårlök, ta av från värmen, täck över och låt vila i 1 minut innan servering.

Fläsk och svampsoppa

Serverar 4

60 ml/4 matskedar jordnötsolja (jordnötter).

1 vitlöksklyfta, krossad

2 lökar, skivade

225 g magert fläsk, skuren i strimlor

1 stjälk selleri, hackad

50 g svamp, skivad

2 morötter, skivade

1,2 L/2 pt/5 dl nötbuljong

15 ml/1 matsked sojasås

salt och nymalen peppar

15 ml/1 matsked majsmjöl (majsstärkelse)

Hetta upp oljan och fräs vitlök, lök och fläsk tills löken är mjuk och lätt brynt. Tillsätt selleri, svamp och morötter, täck över och låt sjuda försiktigt i 10 minuter. Koka upp buljongen, tillsätt den sedan i pannan med sojasåsen och smaka av med salt och peppar. Blanda majsstärkelsen med lite vatten, häll den sedan i pannan och låt sjuda under omrörning i cirka 5 minuter.

Fläsk och vattenkrasse soppa

Serverar 4

1,5 L/2½ pkt/6 dl kycklingfond

100g magert fläsk, skuren i strimlor

3 st selleri, skär diagonalt

2 vårlökar (salladslökar), skivade

1 knippe vattenkrasse

5 ml/1 tsk salt

Koka upp buljongen, tillsätt fläsket och sellerin, täck över och låt sjuda i 15 minuter. Tillsätt vårlöken, vattenkrasse och salt och låt puttra utan lock i cirka 4 minuter.

Fläsk och gurksoppa

Serverar 4

100 g magert fläsk, tunt skivat

5 ml/1 tsk majsmjöl (majsstärkelse)

15 ml/1 matsked sojasås

15 ml/1 msk risvin eller torr sherry

1 gurka

1,5 L/2½ pkt/6 dl kycklingfond

5 ml/1 tsk salt

Rör ner fläsk, majsstärkelse, soja och vin eller sherry. Kasta för att täcka fläsket. Skala gurkan och halvera den på längden, ta sedan bort kärnorna. Skiva grovt. Koka upp buljongen, tillsätt fläsket, täck över och låt sjuda i 10 minuter. Tillsätt gurkan och låt puttra i några minuter tills den är genomskinlig. Rör ner saltet och tillsätt lite mer soja, om du vill.

Serverar 4

50 g risnudlar

225 g malet fläsk (färs).

5 ml/1 tsk majsmjöl (majsstärkelse)

2,5 ml/½ tesked salt

30 ml/2 matskedar vatten

1,5 L/2½ pkt/6 dl kycklingfond

1 vårlök (salladslök), finhackad

5 ml/1 tsk sojasås

Blötlägg tagliatellen i kallt vatten medan du förbereder köttbullarna. Blanda ihop fläsk, majsstärkelse, lite salt och vatten och forma till valnötsstora bollar. Koka upp en kastrull med vatten, häll i fläskfärsbullarna, täck över och låt sjuda i 5 minuter. Låt rinna av väl och låt tagliatellen rinna av. Koka upp buljongen, tillsätt fläskfärsbullarna och nudlarna, täck över och låt sjuda i 5 minuter. Tillsätt vårlöken, sojasåsen och resterande salt och låt sjuda i ytterligare 2 minuter.

Spenat och tofusoppa

Serverar 4

1,2 L/2 pt/5 dl kycklingbuljong

200g konserverade tomater, avrunna och hackade

225 g tofu, tärnad

225 g spenat, hackad

30 ml/2 matskedar sojasås

5 ml/1 tsk farinsocker

salt och nymalen peppar

Koka upp buljongen, tillsätt sedan tomaterna, tofun och spenaten och rör om försiktigt. Koka upp igen och låt sjuda i 5 minuter. Tillsätt soja och socker och smaka av med salt och peppar. Sjud i 1 minut innan servering.

Serverar 4

1,2 L/2 pt/5 dl kycklingbuljong

200 g sockermajs

salt och nymalen peppar

1 ägg, uppvispat

200 g krabbkött, flingat

3 schalottenlök, hackade

Koka upp buljongen, tillsätt majs, smaka av med salt och peppar. Sjud i 5 minuter. Strax före servering, skeda äggen genom en gaffel och snurra över soppan. Servera beströdd med krabbakött och hackad schalottenlök.

Sichuansoppa

Serverar 4

4 torkade kinesiska svampar

1,5 L/2½ pkt/6 dl kycklingfond

75 ml/5 matskedar torrt vitt vin

15 ml/1 matsked sojasås

2,5 ml/½ tesked chilisås

30 ml/2 matskedar majsmjöl (majsstärkelse)

60 ml/4 matskedar vatten

100g magert fläsk, skuren i strimlor

50 g kokt skinka, skuren i strimlor

1 röd paprika, skuren i strimlor

50 g vattenkastanjer, skivade

10 ml/2 tsk vinäger

5 ml/1 tsk sesamolja

1 ägg, uppvispat

100 g skalade räkor

6 vårlökar (salladslökar), hackade

175 g tofu, tärnad

Blötlägg svampen i varmt vatten i 30 minuter, låt sedan rinna av.

Ta bort stjälkarna och skiva locken. Ta med buljongen, vinet,

sojan

salsa och chilisås koka upp, täck och låt sjuda i 5 minuter. Blanda

majsstärkelsen med hälften av vattnet och tillsätt i soppan, rör om

tills soppan tjocknar. Tillsätt svamp, fläsk, skinka, peppar och

vattenkastanjer och låt sjuda i 5 minuter. Tillsätt vinägern och

sesamoljan. Vispa ägget med det återstående vattnet och häll det i

soppan under kraftig omrörning. Tillsätt räkorna, vårlöken och

tofun och låt puttra i några minuter för att bli genomvärmd.

Serverar 4

1,5 L/2½ pkt/6 dl kycklingfond

225 g tofu, tärnad

5 ml/1 tsk salt

5 ml/1 tsk sojasås

Koka upp buljongen och tillsätt tofun, salt och sojasås. Sjud i några minuter tills tofun är varm.

Tofu och fisksoppa

Serverar 4

225 g vita fiskfiléer, skurna i strimlor

150 ml/¼ pt/mycket ½ kopp risvin eller torr sherry

10 ml/2 tsk finhackad ingefärarot

45 ml/3 matskedar sojasås

2,5 ml/½ tesked salt

60 ml/4 matskedar jordnötsolja (jordnötter).

2 lökar, hackade

100 g svamp, skivad

1,2 L/2 pt/5 dl kycklingbuljong

100 g tofu, tärnad

salt och nymalen peppar

Lägg fisken i en skål. Blanda vin eller sherry, ingefära, soja och salt och häll över fisken. Låt marinera i 30 minuter. Hetta upp oljan och fräs löken i 2 minuter. Tillsätt svampen och fortsätt steka tills löken är mjuk men inte brynt. Tillsätt fisken och marinaden, låt koka upp, täck över och låt sjuda i 5 minuter. Tillsätt buljongen, låt koka upp igen, täck över och låt sjuda i 15 minuter. Tillsätt tofun och smaka av med salt och peppar. Koka tills tofun är kokt.

Tomatsoppa

Serverar 4

400g konserverade tomater, avrunna och hackade

1,2 L/2 pt/5 dl kycklingbuljong

1 skiva ingefära, hackad

15 ml/1 matsked sojasås

15 ml/1 msk chilibönsås

10ml/2 tsk socker

Lägg alla ingredienser i en kastrull och låt sakta koka upp, rör om då och då. Koka i ca 10 minuter innan servering.

Tomat och spenatsoppa

Serverar 4

1,2 L/2 pt/5 dl kycklingbuljong

225 g konserverade hackade tomater

225 g tofu, tärnad

225 g spenat

30 ml/2 matskedar sojasås

salt och nymalen peppar

2,5 ml/½ tesked socker

2,5 ml/½ tesked risvin eller torr sherry

Koka upp buljongen, tillsätt sedan tomaterna, tofun och spenaten och låt puttra i 2 minuter. Tillsätt de återstående ingredienserna och låt sjuda i 2 minuter, blanda sedan väl och servera.

Rova Soppa

Serverar 4

1 L/1¾ pt/4¼ koppar kycklingbuljong

1 stor kålrot, skuren i tunna skivor

200 g magert fläsk, tunt skivat

15 ml/1 matsked sojasås

60 ml/4 matskedar konjak

salt och nymalen peppar

4 schalottenlök, fint hackade

Koka upp fonden, tillsätt kålrot och fläsk, täck över och låt sjuda i 20 minuter tills kålroten är mör och köttet genomstekt. Tillsätt sojasås och konjak, krydda efter smak. Koka tills den är varm och servera beströdd med schalottenlök.

Pottage

Serverar 4

6 torkade kinesiska svampar

1 L/1¾ pt/4¼ koppar grönsaksfond

50 g bambuskott, skurna i strimlor

50 g vattenkastanjer, skivade

8 snöärtor (ärtor), skivade

5 ml/1 tsk sojasås

Blötlägg svampen i varmt vatten i 30 minuter, låt sedan rinna av.
Ta bort stjälkarna och skär kapsylerna i strimlor. Tillsätt dem i
buljongen med bambuskott och vattenkastanjer och låt koka upp,
täck och låt sjuda i 10 minuter. Tillsätt mangetout och sojasås,
täck över och låt sjuda i 2 minuter. Låt vila i 2 minuter innan
servering.

Serverar 4

¼ kål

2 morötter

3 stjälkar selleri

2 vårlökar (schalottenlök)

30 ml/2 matskedar jordnötsolja (jordnötter).

1,5 L/2½ pt/6 koppar vatten

15 ml/1 matsked sojasås

15 ml/1 msk risvin eller torr sherry

5 ml/1 tsk salt

nymalen peppar

Skär grönsakerna i strimlor. Hetta upp oljan och stek grönsakerna i 2 minuter tills de börjar mjukna. Tillsätt resten av ingredienserna, låt koka upp, täck över och låt sjuda i 15 minuter.

Serverar 4

1 L/1¾ pt/4¼ koppar kycklingbuljong

1 lök, finhackad

1 stjälk selleri, finhackad

225g vattenkrasse, grovt hackad

salt och nymalen peppar

Koka upp buljong, lök och selleri, täck över och låt sjuda i 15 minuter. Tillsätt vattenkrasse, täck över och låt sjuda i 5 minuter. Krydda med salt och peppar.

Serverar 4

4 torkade kinesiska svampar

4 hela fiskar, rensade och skalade

stek olja

30 ml/2 matskedar majsmjöl (majsstärkelse)

45 ml/3 matskedar jordnötsolja (jordnötter).

100 g bambuskott, skurna i strimlor

50 g vattenkastanjer, skurna i strimlor

50 g bok choy, hackad

2 skivor ingefära, hackad

30 ml/2 matskedar risvin eller torr sherry

30 ml/2 matskedar vatten

15 ml/1 matsked sojasås

5ml/1 tsk socker

120 ml/4 fl oz/¬Ω kopp fiskfond

salt och nymalen peppar

¬Ω salladshuvud, rivet

15 ml/1 matsked hackad plattbladspersilja

Blötlägg svampen i varmt vatten i 30 minuter, låt sedan rinna av.
Ta bort stjälkarna och skiva locken. Strö över fisken halvvägs

majsmjöl och skaka av överskottet. Hetta upp oljan och stek fisken i cirka 12 minuter tills den är genomstekt. Låt rinna av på hushållspapper och håll varmt.

Hetta upp oljan och fräs svamp, bambuskott, vattenkastanjer och vitkål i 3 minuter. Tillsätt ingefära, vin eller sherry, 15 ml/1 msk vatten, sojasås och socker och fräs i 1 minut. Tillsätt buljongen, salt och peppar, låt koka upp, täck och låt sjuda i 3 minuter. Blanda majsstärkelsen med det återstående vattnet, häll det i pannan och låt sjuda under omrörning tills såsen tjocknar. Lägg upp salladen på ett serveringsfat och lägg fisken ovanpå. Häll över grönsakerna och såsen och servera, garnerad med persilja.

Bakad hel fisk

Serverar 4

1 stor havsabborre eller liknande fisk

45 ml/3 matskedar majsmjöl (majsstärkelse)

45 ml/3 matskedar jordnötsolja (jordnötter).

1 lök, hackad

2 vitlöksklyftor, krossade

50 g skinka, skuren i strimlor

100 g skalade räkor

15 ml/1 matsked sojasås

15 ml/1 msk risvin eller torr sherry

5ml/1 tsk socker

5 ml/1 tsk salt

Täck fisken med majsstärkelse. Hetta upp oljan och fräs lök och vitlök tills de är gyllenbruna. Lägg i fisken och stek tills den är gyllenbrun på båda sidor. Lägg över fisken på ett ark folie i en ugnsform och toppa med skinka och räkor. Tillsätt sojasås, vin eller sherry, socker och salt i pannan och blanda väl. Häll över fisken, stäng folien över toppen och grädda i en förvärmd ugn på 150¬∞C/300¬∞F/gasmark 2 i 20 minuter.

212

Bräserad sojafisk

Serverar 4

1 stor havsabborre eller liknande fisk

salt

50 g/2 oz/¬Ω kopp vanligt (all-purpose) mjöl.

60 ml/4 matskedar jordnötsolja (jordnötter).

3 skivor ingefära, hackad

3 ramslökar (salladslökar), hackade

250 ml/8 fl oz/1 kopp vatten

45 ml/3 matskedar sojasås

15 ml/1 msk risvin eller torr sherry

2,5 ml/¬Ω tesked socker

Rengör och fjäll fisken och skär den diagonalt på båda sidor. Strö över salt och låt vila i 10 minuter. Hetta upp oljan och stek fisken gyllenbrun på båda sidor, vänd en gång och tråckla med olja under tillagningen. Tillsätt ingefära, vårlök, vatten, soja, vin eller sherry och socker, låt koka upp, täck och låt sjuda i 20 minuter tills fisken är kokt. Servera varm eller kall.